Ben Yeshoua

Prières pour gouverner au Canada Volume 2

Ben Yeshoua

Prières pour gouverner au Canada
Volume 2

Un territoire à porté de main

Éditions Croix du Salut

Impressum / Mentions légales
Bibliografische Information der Deutschen Nationalbibliothek: Die Deutsche Nationalbibliothek verzeichnet diese Publikation in der Deutschen Nationalbibliografie; detaillierte bibliografische Daten sind im Internet über http://dnb.d-nb.de abrufbar.
Alle in diesem Buch genannten Marken und Produktnamen unterliegen warenzeichen-, marken- oder patentrechtlichem Schutz bzw. sind Warenzeichen oder eingetragene Warenzeichen der jeweiligen Inhaber. Die Wiedergabe von Marken, Produktnamen, Gebrauchsnamen, Handelsnamen, Warenbezeichnungen u.s.w. in diesem Werk berechtigt auch ohne besondere Kennzeichnung nicht zu der Annahme, dass solche Namen im Sinne der Warenzeichen- und Markenschutzgesetzgebung als frei zu betrachten wären und daher von jedermann benutzt werden dürften.

Information bibliographique publiée par la Deutsche Nationalbibliothek: La Deutsche Nationalbibliothek inscrit cette publication à la Deutsche Nationalbibliografie; des données bibliographiques détaillées sont disponibles sur internet à l'adresse http://dnb.d-nb.de.
Toutes marques et noms de produits mentionnés dans ce livre demeurent sous la protection des marques, des marques déposées et des brevets, et sont des marques ou des marques déposées de leurs détenteurs respectifs. L'utilisation des marques, noms de produits, noms communs, noms commerciaux, descriptions de produits, etc, même sans qu'ils soient mentionnés de façon particulière dans ce livre ne signifie en aucune façon que ces noms peuvent être utilisés sans restriction à l'égard de la législation pour la protection des marques et des marques déposées et pourraient donc être utilisés par quiconque.

Coverbild / Photo de couverture: www.ingimage.com

Verlag / Editeur:
Éditions Croix du Salut
ist ein Imprint der / est une marque déposée de
OmniScriptum GmbH & Co. KG
Heinrich-Böcking-Str. 6-8, 66121 Saarbrücken, Deutschland / Allemagne
Email: info@editions-croix.com

Herstellung: siehe letzte Seite /
Impression: voir la dernière page
ISBN: 978-3-8416-9973-2

Copyright / Droit d'auteur © 2015 OmniScriptum GmbH & Co. KG
Alle Rechte vorbehalten. / Tous droits réservés. Saarbrücken 2015

Ben Yeshoua.

Prières pour gouverner au Canada

Volume 2

Un territoire à portée de main

Prières pour gouverner au Canada - vol2

Introduction

« Ou, comment quelqu'un peut-il entrer dans la maison d'un homme fort et piller ses biens sans avoir auparavant lié cet homme fort ? Alors seulement il pillera sa maison. »

Ce livre de prière est une aide pour toute personne qui veut entrer et posséder les portes de sa vie, de son couple, de sa famille, de sa maison, de sa ville, de son territoire, de sa province, de son pays.

Ouvrant les portes de son cœur, la personne présentera au Seigneur ses besoins et connaîtra au travers de ces prières l'état de ceux-ci ; elle évoquera ses adversaires et sa difficulté à accéder à ces désirs; enfin, elle fera entendre toutes ses requêtes à Dieu tout en demeurant attaché à la vision qu'elle a et aux promesses liées à celle-ci.

Prières pour gouverner au Canada - vol2

Mais que le plus grand parmi vous soit comme le plus petit,
et celui qui gouverne comme celui qui sert.

Prières pour gouverner au Canada - vol2

TABLE

I	Remplis mes mains	5
II	Donnes-moi la domination	7
III	Affermis la royauté entre mes mains	13
IV	Élèves-moi de la poussière	15
V	Élèves-toi au-dessus du Canada	33
VI	Que je ne sois pas troublé	38
VII	Étends ta bienveillance	41
VIII	Formes les villes canadiennes, bénis les villes canadiennes	42
IX	Que je fasses un avec les villes canadiennes	53
X	Donnes-moi le commandement	57
XI	Donnes-moi du repos	67
XII	Donnes-moi de faire entrer le peuple	78
XIII	Fais connaître au peuple canadien qui tu es	88
XIV	Juges les peuples et donnes de la nourriture en abondance	93
XV	Une révélation encore pour mon peuple	102
XVI	Envoies-moi vers les enfants du Canada	116

Prières pour gouverner au Canada - vol2

Remplis mes mains

Ô sacrificateur du Très-Haut, fais apporter du pain et du vin.

Bénis-moi, Dieu Très-Haut ; toi qui as livré mes adversaires entre mes mains !

Ô Éternel, Dieu Très-Haut, maître du ciel et de la terre, que personne ne puisse dire qu'il m'a enrichi !

Que mes paroles soient celles de celui qui a l'œil clairvoyant !

Que mes paroles soient celles de celui qui entend les paroles de Dieu !

Que mes paroles soient celles de celui qui connaît les desseins du Très-Haut !

Que mes paroles soient celles de celui qui voit la vision du Tout-Puissant !

Que mes paroles soient celles de celui qui se prosterne et dont les yeux s'ouvrent !

Donnes-moi de le voir maintenant, donnes-moi de le contempler, l'astre qui sort de celui qui a combattu avec Dieu et les hommes et a été vainqueur ;

Donnes-moi de le voir maintenant, donnes-moi de le contempler, le sceptre qui s'élève de celui qui a combattu avec Dieu et les hommes et a été vainqueur ;

Qu'il blesse les flancs de l'adversaire ; qu'il abatte les fils de l'adversaire ; qu'il vienne prendre possession de la montagne de mes ennemis !

En sacrifice à Dieu, j'offrirai la reconnaissance, j'accomplirai mes vœux envers le Très-Haut !

Je crie au Dieu Très-Haut, au Dieu qui mène tout à bonne fin pour moi !

Et l'on dit : Comment Dieu le connaîtrait-il ? Y a t-il de la connaissance chez le Très-Haut ?

Tu es le Très-Haut sur toute la terre, tu es souverainement élevé au-dessus de tous les dieux.

Prières pour gouverner au Canada - vol2

Que j'ai entre mes mains de quoi me présenter devant toi, Éternel !

Que j'ai entre mes mains de quoi m'incliner devant toi, Dieu Très-Haut !

Ô Jésus, fils du Très-Haut, toi qui est assis sur le trône élevé, viens régner sur ma maison et que ton règne soit éternel !

Viens sur moi, et que ta puissance, fils du Très-Haut, me couvre de son ombre !

Et que je donne naissance à un enfant !

Que ton nom soit glorifié dans les lieux très hauts, et qu'il y ait la paix sur notre terre parmi ton peuple, le peuple canadien ! Car il est ton serviteur.

C'est à toi que nous donnerons notre Dîme.

Prières pour gouverner au Canada - vol2

Donnes-moi la domination

Ô Dieu très-Haut, toi qui domines sur toute royauté humaine, qui la donnes à qui il te plaît, et qui élèves le dernier des Hommes ;
fais-moi à ton image, selon ta ressemblance, et que je domine sur les poissons de la mer, sur les oiseaux du ciel, sur le bétail, sur toute la terre et sur tous les reptiles qui rampent sur la terre !

Bénis-moi :

Que je sois fécond !

Que je me multiplie !

Que je remplisse la terre et la soumette !

Que je domine sur les poissons de la mer, sur les oiseaux du ciel et sur tout animal qui rampe sur la terre !

Que toute herbe porteuse de semence et qui est à la surface de toute la terre canadienne soit ma nourriture !

Que tout arbre fruitier porteur de semence et qui est à la surface de toute la terre canadienne soit ma nourriture !

Ne rends pas nos conceptions pénibles, moi et ton peuple ; et que personne ne domine sur moi !

Donnes-nous de bien agir et de relever la tête !

Ô Dieu Très-Haut, donnes-moi ta crainte et que je ne domine pas avec rigueur sur les canadiens qui deviennent pauvres près de moi !

Éloignes de nous le trouble, le dépérissement et la fièvre ; que nos yeux ne soient point consumés et que nos âmes ne soient point rongées !

Prières pour gouverner au Canada - vol2

Lorsque nous semons nos semences, que ce ne soit point en vain !

Que nous ne soyons pas battus devant nos ennemis ; que ceux qui nous haïssent ne dominent pas sur nous ; et que nous ne fuyons pas sans que l'on nous poursuive !

Éternel, mon Dieu, bénis-moi comme tu l'as dit ; que je prête sur gage à beaucoup de nations et que je n'emprunte pas !
Que je domine sur beaucoup de nations, et qu'elles ne dominent pas sur moi !

Que je domine sur beaucoup de nations, moi, puis mon fils, puis le fils de mon fils, car tu m'as sauvé, moi et ma famille !

Que je ne domine pas que pendant trois années ; que ma domination soit une domination éternelle !

C'est de toi que viennent la richesse et la gloire, c'est toi qui domines sur tout, c'est dans ta main que sont la force et la puissance, et c'est ta main qui a le pouvoir de tout agrandir et de tout affermir !

Éternel, Dieu de nos pères ! Tu es Dieu dans les cieux ; tu domines sur tous les royaumes des nations ; il y a dans ta main la force et la puissance et nul ne peut t'affronter.

Que mes ennemis ne dominent pas sur moi !

Que mes produits abondants ne soient point pour des rois !

Qu'ils ne dominent pas à leur gré sur mon corps et sur mon bétail et que je ne sois pas en grande détresse !

Que le jour où mes ennemis espéreront se rendre maître de moi, que par un retournement de situation, ce soit moi qui me rende maître de mes adversaires !

Que des impies ne règnent pas, et ne soient plus un piège pour le peuple canadien !

Prières pour gouverner au Canada - vol2

Préserves aussi ton serviteur des présomptueux ; qu'ils ne dominent pas sur moi ! Alors je serai intègre, innocent de péché grave !

« Arrêtez, et reconnaissez qu'il est Dieu : il domine sur les nations, il domine sur la terre ».

Il domine éternellement par sa puissance, ses yeux surveillent les nations : que les rebelles ne s'élèvent pas !

Il dominera d'une mer à l'autre, et du fleuve aux extrémités de la terre.

L'Éternel a établit son trône dans les cieux, et son règne domine sur toutes choses.

La main des hommes actifs dominera. Mais la main nonchalante est destinée à la corvée.

Fais de moi un serviteur qui a du discernement afin que je domine sur le fils qui fait honte !

Fais-moi dominer sur des princes !

Fasses que je ne domine pas sur les pauvres !

Fasses que je ne sois pas comme un lion rugissant ni comme une ours affamée pour dominer sur le peuple indigent !

Que le peuple canadien ne gémisse pas !

Fasses que je développe et amasse plus de sagesse que tous ceux qui étaient avant moi sur le pays du Canada et que mon cœur voit beaucoup de science et de sagesse !

Fasses que je prenne à cœur tout l'ouvrage qui se fait sous le soleil et donnes moi de ne pas dominer sur les canadiens pour les rendre malheureux !

Fasses que mes paroles soient écoutées dans le calme !

Si l'esprit de celui qui domine s'élève contre moi, donnes-moi de ne pas quitter

Prières pour gouverner au Canada - vol2

ma place !

Que je ne sois pas comme des gens jeunes et comme des gamins !

Que je sois conduit vers mon pays, le pays du Canada et que je retienne en captivité ceux qui me retenaient en captivité !

Livres la nation de la servitude entre les mains de seigneurs durs et qu'un roi cruel domine sur lui !

Que les eaux de la mer tarissent et que le fleuve devienne sec et aride !

Que les fleuves soient infectes, que le delta du fleuve se réduise et s'assèche !

Que les roseaux et les joncs fleurissent sur sa terre : que ce soit le dénuement le long de son fleuve, à l'embouchure de son fleuve !

Que tout ce qui aura été semé près de son fleuve se dessèche, se disperse et disparaisse !

Que les pêcheurs gémissent, que tous ceux qui jettent l'hameçon dans le fleuve soient en deuil et que ceux étendent des filets à la surface des eaux soient désolés !

Que tous ceux qui travaillent le lin peigné et qui tissent les étoffes branches dans son pays, le pays de la servitude, soient honteux !

Que les soutiens du pays de la servitude soient dans l'abattement et que tous ses salariés aient l'âme attristée !

Éternel, notre Dieu, d'autres seigneurs que toi ont dominé sur nous ; mais c'est grâce à toi seul que nous invoquons ton nom !

C'est pourquoi écoutez la parole de l'Éternel, moqueurs, vous qui dominez sur le peuple de la ville !

Vous dites que vous avez conclu une alliance avec la mort, que vous avez fait un pacte avec le séjour des morts et que lorsque le fléau débordant passera il ne vous atteindra pas, car vous avez le mensonge pour refuge et la fausseté pour abri.

Prières pour gouverner au Canada - vol2

C'est pourquoi le Seigneur parle ainsi :

Me voici ! J'ai mis pour fondement sur ma montagne une pierre, une pierre éprouvée une pierre angulaire de prix, solidement posée ; celui qui la prend pour appui n'aura pas hâte de fuir.

J'ai pris le droit comme règle, et la justice comme niveau ; la grêle emportera le refuge du mensonge, et les eaux déborderont dans l'abri de la fausseté.

Quand à moi, je sucerai le lait des nations et je saurai que l'Éternel est mon sauveur et mon rédempteur.

Au lieu du bronze, il fera venir de l'or ;

au lieu du fer, il fera venir de l'argent ;

au lieu du bois, du bronze ;

et au lieu des pierres, du fer ;

pour s'occuper de moi il mettra la paix,

et pour me dominer la justice.

Que les prophètes ne prophétisent pas avec fausseté !

Que les prêtes ne tiennent pas les canadiens en leur pouvoir !

Ô Dieu Très-Haut, tu as fait alliance avec le jour et la nuit, tu as établi les lois des cieux et de la terre !

Ne rejettes pas la descendance de celui qui a combattu avec Dieu et les hommes et a été vainqueur !

Ne rejettes pas la descendance de celui que tu as aimé !

Prends dans sa descendance ceux qui domineront, fais revenir leurs captifs et aies pitié d'eux !

Que des esclaves ne dominent pas sur nous et que ta main viennent nous retirer de l'esclavage !

Prières pour gouverner au Canada - vol2

Parce qu'ils mangent la graisse, sont vêtus de laine, sacrifient les bêtes grasses et ne font pas paître les brebis ;

Parce qu'ils n'ont pas fortifié celles qui étaient faibles, soigné celles qui étaient malades, pansé celles qui étaient blessées, ramené celles qui s'égaraient, cherché celles qui étaient perdues ;

Parce qu'ils ont dominé avec force et rigueur sur elles ;

Diminues-les afin qu'ils ne dominent pas sur les nations !

Que tous mes alliés ne me refoulent pas jusqu'à la frontière !

Qu'ils ne me trompent pas, ne l'emportent pas sur moi et ne se servent pas de mon pain comme d'un piège par dessus !

Ô Dieu Très-Haut, qu'il sorte de moi celui qui dominera le Canada et dont l'origine remonte au lointain passé, aux jours d'éternité !

Qu'il bâtisse le temple de l'Éternel ; qu'il porte les insignes de la majesté ; qu'il siège, qu'il domine sur le trône du Canada et qu'une parfaite harmonie règne entre nous !

Ô Dieu Très-Haut, retranches des provinces et des territoires les chars et des villes les chevaux ; que les arcs de guerre soient retranchés !

Ô Dieu Très-Haut, annonces la paix aux nations, et que ta domination s'étende d'une mer à l'autre, depuis le fleuve jusqu'au extrémité de la terre.

Prières pour gouverner au Canada - vol2

Affermis la royauté entre mes mains

Ô Dieu très-Haut, toi qui domines sur toute royauté humaine, qui la donnes à qui il te plaît, et qui élèves le dernier des Hommes, donnes-moi de ne rien raconter au sujet de la royauté dont tu me parles !

Que mon droit soit formulé, écrit dans un livre et déposé devant toi !

Ô Dieu Très-Haut, toi qui domines sur toute royauté humaine, viens confirmer la royauté et que tout le peuple Canadien m'établisse devant toi !

Lorsque j'aurai pris la royauté sur tout le pays du Canada, que je fasse la guerre de tout côté avec tous ses ennemis, et que partout où je me tourne j'ai le dessus !

Maintiens la royauté du Canada et ne me l'ôtes pas !

Aussi longtemps que je serai dans ta présence, qu'il y ait de la sécurité pour moi et pour la royauté que tu m'as donné !

Fasses que j'ai la royauté du Canada bien en main !

Établis le trône de ton serviteur sur le Canada et sur la ville !

Fais tourner la royauté pour qu'elle m'appartienne ! Car elle est à moi par moi.

Que la royauté soit affermie dans ma main !

Que ce ne soit pas un homme qui affermisse ma royauté entre mes mains mais que ce soit toi seul qui affermisse la royauté du Canada entre mes mains !

Que ton armée me prête secours !

Que de jour en jour on arrive auprès de ton serviteur pour le secourir, jusqu'à ce qu'il ait un camp considérable, comme un camp de Dieu !

Ô Éternel, Dieu de celui qui a combattu avec Dieu et les hommes et a été vainqueur, que toute la terre reconnaisse que tu as donné à ton serviteur à toujours la royauté sur le Canada, à moi et à mes fils, par une alliance éternelle !

Prières pour gouverner au Canada - vol2

Éternel, affermis la royauté entre mes mains, et que toute la ville apporte des offrandes à ton serviteur !

Lorsque la royauté sera affermie dans ma main, donnes-moi d'agir selon ton commandement !

Que je ne me taise pas, en toute occasion bonne ou mauvaise, et que le soulagement et la libération des Canadiens surgissent de ton serviteur ! Car c'est pour cette occasion que tu me fais parvenir à la royauté !

Que je sois digne de la royauté.

Que je ne donne pas ma royauté à la bête.

Prières pour gouverner au Canada - vol2

Élèves-moi de la poussière

Ô Dieu très-Haut, toi qui domines sur toute royauté humaine, qui la donnes à qui il te plaît, et qui élèves le dernier des Hommes, donnes-moi d'agir bien et que le péché ne soit pas tapi à ma porte, et que ses désirs ne se portent pas vers moi !

Que les eaux ne s'élèvent pas au-dessus de ton serviteur et ne le couvrent pas !

Mais que je lève les yeux vers Sodome et Gomorrhe pour voir des flammes s'élever !

Dresses une stèle entre moi et celui qui me poursuit pour m'ôter la vie afin qu'il ne m'atteigne pas et n'arrive pas dans ma direction pour me faire du mal !

Que ton serviteur soit la tête de la maison du Canada et que seul le trône t'élève au-dessus de moi !

Que mon peuple soit un peuple de berger !

Que je sois le rejeton d'un arbre fertile, le rejeton d'un arbre fertile près d'une source dont les branches s'élèvent au-dessus de la muraille !

Que les bénédictions de mon père qui l'emportent sur ceux qui l'ont conçu, soient sur la tête de ton serviteur, sur le sommet de la tête du prince de ses frères.

Que personne ne fasse obstacle à ton peuple , le peuple du Canada !

Donnes-moi de ne pas calomnier ceux de mon peuple !

Que je ne réclame pas injustement la mort de mon prochain !

Que nous ne nous fassions pas d'idole, ton peuple et moi !

Donnes-nous de ne pas élever ni statue, ni stèle, et de ne pas placer dans notre pays de figurine de pierre, pour nous prosterner devant elle ! Car tu es notre Dieu.

Prières pour gouverner au Canada - vol2

Quand nous arriverons dans le pays où tu nous fais entrer, et que nous mangerons du pain dans le pays, donnes-nous de toujours prélever une offrande pour toi, Éternel.

Donnes aux Canadiens, aux princes du Canada, à ceux qu'on convoque aux réunions et qui sont des gens de renom, de ne pas s'assembler contre toi et contre ton serviteur que je suis !

L'eau coule des seaux du Canada et sa semence est fécondée par d'abondantes eaux !

Ô Grand roi, toi qui es le Roi des rois, élèves-toi au-dessus de tes ennemis et que le Canada devienne puissant !

Toi qui as fait sortir le Canada du pays de la servitude, que le Canada soit pour toi comme la vigueur du buffle !

Que le Canada dévore les nations qui sont ses adversaires !

Que le Canada brise les os de ses adversaires et les blesse de ses flèches !

Roi des rois, sors du Canada !

Élèves-toi du Canada, blesses les flancs de nos adversaires et brises tous les fils de nos ennemis !

Qu'il ne s'élève pas au milieu du Canada un prophète ou un visionnaire qui après avoir annoncé un signe ou un prodige qui ait accomplissement dise : Rallions-nous à d'autres dieux — des dieux que ton peuple, le peuple canadien, ne connaît pas — et rendons-les un culte !

Donnes-moi de ne fixer aucun poteau — d'un esprit quelconque ou d'un démon — à coté de l'autel que j'élèverai à toi, Éternel, mon Dieu !

Donnes-moi d'avoir à mes cotés ton alliance et le lire tous les jours de ma vie, afin que j'apprenne à te craindre Éternel, mon Dieu, à observer toutes les paroles de

Prières pour gouverner au Canada - vol2

ton alliance et toutes tes prescriptions pour les mettre en pratique ; afin que mon cœur ne s'élève pas au-dessus de mes frères, et qu'il ne s'écarte pas des commandements ; afin que je prolonge mes jours dans ton royaume, moi et mes fils, au milieu du Canada !

Lorsque je verrai l'âne de mon frère ou son bœuf tomber dans le chemin, fasses que je ne m'esquive pas, mais que je l'aide à le relever !

Éternel, mets en déroute devant moi et ton peuple du Canada, mes ennemis qui se dresseront contre moi !

Qu'ils sortent contre moi par un seul chemin et qu'ils s'enfuient devant moi par sept chemins !

Que l'immigrant qui sera au milieu de moi ne s'élève pas au-dessus de moi ; et que je ne descende pas toujours plus bas !

Bénis ma force, ô Éternel ! Agrées l'œuvre de mes mains !

Que je sois, ton peuple du Canada et moi, heureux et sauvé par toi, Éternel, bouclier de mon salut !

Donnes-moi de fouler les hauts lieux !

Aujourd'hui, commences à me rendre grand aux yeux de tout le Canada, afin qu'ils sachent que tu es avec moi comme tu l'as été avec mes pères !

Donnes-moi de frapper, moi et tout le Canada avec moi, les rois du pays de l'ouest et que je donne leur pays en possession aux canadiens et aux canadiennes !

Ô Éternel, que ma force s'élève par toi et que mon cœur exulte en toi !

C'est toi qui appauvris et qui enrichis, c'est toi qui élèves et qui abaisses.

De la poussière tu redresses l'indigent et du fumier tu relèves le pauvre pour le faire siéger avec les notables ; et tu leur donnes en héritage un trône de gloire ; car c'est à toi, Éternel, que sont les colonnes de la terre, et c'est sur elles que tu as posé le

Prières pour gouverner au Canada - vol2

monde.

Que ceux qui contestent avec toi soient terrifiés !

Si un homme se dresse, me poursuit et en veut à ma vie, que mon âme soit bien gardé à l'abri parmi les vivants auprès de toi, Éternel, mon Dieu !

Lorsqu'une armée élèvera contre ma ville des retranchements qui atteignent les remparts, que mon âme soit bien gardé à l'abri parmi les vivants auprès de toi, éternel, mon Dieu !

Rends mes pieds semblable à ceux des biches et fais moi tenir sur les hauteurs !

Ô Dieu, toi qui m'accordes la vengeance, qui abaisses les peuples sous moi et qui me soustrais à mes ennemis ; élèves-moi au-dessus de mes adversaires et délivres-moi de l'homme violent !

Donnes-moi de monter sur ta montagne !

Comme tu as été avec mes pères, Éternel, sois avec moi, élèves mon trône plus que le trône de mes pères !

Fias-moi asseoir sur le trône royale ;

et que tes serviteurs viennent te bénir en disant :

que ton nom rende le nom de ton serviteur plus célèbre que le nom de ses pères et qu'il élève son trône plus que le trône de ses pères !

Ô Éternel, toi qui tiens toujours la parole que tu dis, que je m'élève à la place de mes pères, que je m'asseye sur le trône du Canada et que je bâtisse ta maison !

Élèves-moi du milieu du Canada, établis-moi conducteur sur ton peuple, le peuple du Canada, arraches la royauté à la maison de mon adversaire et donnes-la moi !

Élèves-moi de la poussière et établis-moi conducteur de ton peuple, le peuple du Canada, afin que je marche dans ta présence et dans tes voies et que je fasse

Prières pour gouverner au Canada - vol2

marcher le peuple canadien dans ta présence et dans tes voies !

Élèves-moi de la poussière et établis-moi conducteur de ton peuple, le peuple du Canada, afin que je renverse les stèles et les poteaux d'impuretés sur toute colline et sous tout arbre verdoyant dans le pays du Canada !

Élèves-moi de la poussière et établis-moi conducteur de ton peuple, le peuple du Canada, afin que plus aucun rois n'entre dans le pays du Canada, n'y lance des flèches et n'élève des retranchement contre la ville !

Que je reconnaisse que tu m'affermis comme roi du Canada et que mon règne prospère toujours plus à cause de ton peuple, le peuple canadien !

Que la maison que je te bâtirai, Éternel, élève ma renommée et ma splendeur bien dans tous les royaumes et dans toutes les nations !

Donnes-moi de bâtir une maison grande, car tu es grand, mon Dieu !

Que je m'élève à la place de mes pères et que je m'asseye sur le trône du Canada et que je te bâtisse une maison !

Donnes-moi de battre mes adversaires !

Que beaucoup de gens m'apportent des largesses et que je sois élevé aux yeux de tous les royaumes et toutes les nations !

Que je m'élève à la place de mes pères et que je m'asseye sur le trône du Canada afin de bâtir les villes du pays !

Que je m'élève à la place de mes pères et que je m'asseye sur le trône du Canada afin de rebâtir ses villes et de restaurer ses murs !

Que je m'élève à la place de mes pères et que je m'asseye sur le trône du Canada afin que ton peuple, le peuple du Canada ne soit pas esclave !

Que je m'élève à la place de mes pères et que je m'asseye sur le trône du Canada afin que ton peuple, le peuple du Canada revienne dans ta maison !

Prières pour gouverner au Canada - vol2

Donnes-moi de donner des leçons à beaucoup ;
donnes-moi de fortifier les mains languissantes ;
que mes propos relèvent celui qui trébuchait ;
donnes-moi d'affermir les genoux qui pliaient !
Toi qui fais des choses grandes et insondables, des merveilles sans nombre ;
répands la pluie à la surface de la terre canadienne et envoies l'eau à la surface des champs du Canada !

Toi qui relèves ceux qui sont abaissés et qui fais parvenir ceux qui étaient dans la tristesse au salut ;

anéantis les projets des hommes rusés, et que leurs mains ne puissent pas leur assurer le succès !

Je ferai de toi mes délices, j'élèverai vers toi, ô mon Dieu, ma face, je t'implorerai, et tu m'exauceras et tu accompliras mes vœux.

Ils s'élèvent mais en un instant qu'ils ne soient plus, qu'ils tombent, qu'ils arrivent à leur terme comme tous les hommes, qu'ils soient coupés comme la tête des épis !

Ne détournes pas tes yeux loin du juste, places ton serviteur sur le trône du Canada, fais l'y asseoir pour toujours, afin qu'il soit élevé !

Élèves la voix de ton serviteur jusqu'aux nuages ; donnes à ton serviteur d'envoyer les éclairs pour qu'ils partent ! Qu'ils lui disent : Nous voici !

Donnes à ton serviteur de compter les nuages, permets lui d'incliner les outres des cieux, pour que la poussière se fige, et que les mottes de terres se collent ensemble !

Que ton serviteur épie sa proie, de loin que ces yeux l'aperçoivent !

Sur la terre du Canada que nul ne soit mon maître ; toi qui m'as formé pour que

Prières pour gouverner au Canada - vol2

je n'éprouve pas de terreur !

Tu es pour moi un bouclier, tu es ma gloire et tu relèves ma tête.

Que la communauté des peuples t'environne !

Reviens bien haut au-dessus d'elle !

Éternel, notre Seigneur ! Que ton nom est magnifique sur toute la terre !

Toi qui établit ta majesté au-dessus des cieux.

Le méchant dit avec arrogance : Il ne punit pas !

Il n'y a point de Dieu ! — Voila toutes ses réflexions —.

Ses voies réussissent en tout temps ; tes jugements sont trop élevés pour l'atteindre, il souffle contre tous ses adversaires.

Jusqu'à quand aurais-je des soucis dans mon âme, et chaque jour du chagrin dans mon cœur ? Jusqu'à quand mon ennemi s'élèvera t-il contre moi ?

C'est Dieu qui me ceint de force et qui rend parfait mon chemin.

Il rend mes pieds semblables à ceux des biches et me fait tenir sur les hauteurs.

Tu me fais allonger le pas et mes chevilles n'ont pas chancelé.

Je poursuis mes ennemis, je les atteins et je ne reviens pas avant de les avoir exterminés.

Je les pourfends, et ils ne peuvent plus se relever ; ils tombent sous mes pieds.

Vive l'Éternel et béni soit mon rocher !

Que le Dieu de mon salut soit exalté, le Dieu qui m'accorde la vengeance, qui m'assujettit les peuples, qui me fait échapper à mes ennemis !

Tu m'élèves au-dessus de mes adversaires, tu me délivres de l'homme violent.

Qui montera à la montagne de l'Éternel ? Qui s'élèvera jusqu'à son lieu saint ?

Celui qui a les mains innocentes et le cœur pur ; celui qui ne livre pas son âme aux choses vaines, et qui ne jure pas pour tromper.

Prières pour gouverner au Canada - vol2

Vers toi, Éternel, j'élève mon âme.

Je demande à l'Éternel une chose, que je recherche ardemment : Habiter tous les jours de ma vie dans la maison de l'Éternel, pour contempler la magnificence de l'Éternel et pour admirer son temple.

Car il me protégera dans son tabernacle au jour du malheur, il me cachera sous l'abri de sa tente ;

il m'élèvera sur un rocher.

Et déjà ma tête s'élève sur mes ennemis qui m'entourent ; j'offrirai des sacrifices dans sa tente, des sacrifices d'acclamations ; je chanterai, je psalmodierai en l'honneur de l'Éternel.

Je t'exalte, Éternel, car tu m'as relevé, tu n'as pas laissé mes ennemis se réjouir à mon sujet ;

Et ma langue dira ta justice, tous les jours, ta louange.

Espère en l'Éternel, garde sa voie, et il t'élèvera pour que tu possèdes le pays ; tu verras les méchants retranchés.

C'est à toi, Éternel, que je m'attends, c'est toi qui me répondras, Seigneur mon Dieu !

Car je dis : Qu'ils ne se réjouissent pas à mon sujet et ne s'élèvent pas contre moi, quand mon pied vacille !

Tout ceux qui me haïssent chuchotent entre eux contre moi ; contre moi ils méditent mon malheur : C'est une affaire mauvaise qui fond sur lui !le voilà couché, il ne se relèvera plus !

Car ce n'est pas un ennemi qui me déshonore, je le supporterais ; ce n'est pas celui qui me hait qui s'élève contre moi, je me cacherais de lui.

C'est toi, un homme comme moi, mon confident, toi que je connais bien !

Prières pour gouverner au Canada - vol2

Élèves-toi sur les cieux, ô Dieu !

Que ta gloire soit sur tout la terre !

Ô Dieu ! Tu nous as repoussé, tu nous as battu en brèche, tu t'es irrité : rétablis-nous !

Ainsi je te bénirai toute ma vie, j'élèverai mes mains en ton nom.

Moi, je suis malheureux et souffrant : ô Dieu, que ton salut me relève !

Relèves ma grandeur, consoles-moi de nouveau !

Je dis à ceux qui se vantent : ne vous vantez pas !

Et au méchant : N'élevez pas le front !

N'élevez pas si haut votre front, ne parlez pas ainsi le cou raide.

Car ce n'est ni de l'Orient, ni de l'Occident, ni du désert que vient l'élévation. Car Dieu est celui qui juge : il abaisse l'un, et il élève l'autre.

Ma voix s'élève à Dieu, et je cris ; ma voix s'élève à Dieu, et il tend l'oreille vers moi.

Il a bâti son sanctuaire comme les lieux élevés, comme la terre qu'il a fondé pour toujours.

Ô Dieu fais-nous revenir ! Fais briller ta face, et nous serons sauvés !

Réjouis l'âme de ton serviteur, vers toi Seigneur j'élève mon âme ; car toi, Seigneur, tu es bon et clément, riche en bienveillance pour ceux qui t'invoquent.

Et moi, c'est toi, Éternel, que j'ai appelé au secours ; au matin ma prière va au devant de toi.

À toi un bras armée de vaillance ; ta main est puissante, ta droite élevée

Alors tu parlas dans une vision à tes fidèles et tu dis : j'ai prêté secours à un héros, j'ai élevé du milieu du peuple un jeune Homme ;

Ma fidélité et ma bienveillance seront avec lui, et je frapperai ceux qui le haïssent.

Et moi, je ferai de lui le premier-né, le plus haut placé des rois de la terre.

Les justes fleurissent comme le palmier, ils croissent comme le cèdre du Liban.

Car toi, Éternel ! tu es le Très-Haut sur toute la terre, tu es souverainement élevé au-dessus de tous les dieux.

L'Éternel est grand, c'est lui qui est élevé au-dessus de tous les peuples.

Car il se penche du haut de son lieu saint ; des cieux l'Éternel regarde sur la terre.

Autant les cieux sont élevés au-dessus de la terre, autant sa bienveillance est efficace pour ceux qui le craignent ; Autant l'Orient est éloigné de l'Occident autant il éloigne de nous nos offenses.

Des montagnes s'élevaient, des vallées s'abaissaient au lieu où tu les avais établi.

Car ta bienveillance s'élève au-dessus des cieux, et ta vérité jusqu'au nués.

Il fait des largesses, il donne aux pauvres ; sa justice subsiste à jamais ; sa puissance s'élève avec gloire.

L'Éternel est élevé au-dessus de toutes les nations, sa gloire est au-dessus des cieux.

De la poussière il redresse le faible, du fumier il relève le pauvre, pour les faire siéger avec les notables, avec les notables de son peuple.

J'élèverai la coupe des délivrances et j'invoquerai le nom de l'Éternel.

La droite de l'Éternel est élevé ! La droite de l'Éternel agit avec puissance !

Relèves-moi selon ta parole ! Écartes de moi la voie de la fausseté, et accordes-moi la grâce de suivre ta loi !

Éternel ! Je n'ai ni un cœur arrogant, ni des regards hautains ; je ne m'engage

Prières pour gouverner au Canada - vol2

pas dans des questions trop grandes et trop merveilleuses pour moi.

L'Éternel est élevé : il voit ce qui est abaissé et reconnaît de loin les arrogants.

Tu m'entoures par derrière et par devant, et tu mets ta main sur moi. Une telle science est trop merveilleuse pour moi, trop élevée pour que je puisse la saisir.

Que le juste me frappe, c'est une faveur ; qu'il me fasse des reproches, c'est de l'huile sur ma tête : ma tête ne s'y refusera pas ; mais de nouveau ma prière s'élèvera contre leurs méchancetés .

Fais-moi entendre dès le matin ta bienveillance ! Car je me confie en toi. Fais-moi connaître le chemin où je dois marcher ! Car j'élève à toi mon âme.

Louez l'Éternel du haut des cieux ! Louez-le dans les hauteurs !

Qu'ils louent le nom de l'Éternel ! car son nom est élevé ; sa majesté domine la terre et les cieux.

Il a relevé la force de son peuple : sujet de louange pour tous ses fidèles, pour les canadiens, le peuple qui lui est proche.

La sagesse cri dans les rues du Canada ; elle élève la voix sur les places ; j'appelle l'intelligence, j'élève ma voix vers la raison.

Je l'exalte, elle m'élèvera ; elle fera ma gloire, car je l'embrasse ; elle mettra sur ma tête un gracieux ruban, elle m'ornera d'un magnifique diadème.

Que les villes canadiennes s'élèvent par la bénédiction des hommes droits et que la bouche des méchants ne les renversent pas !

Que la justice élève la nation canadienne et que le péché ne soit pas l'ignominie du peuple canadien !

Que le cœur des canadiens ne s'élèvent pas mais qu'ils reçoivent un cœur humble !

Prières pour gouverner au Canada - vol2

Que l'esprit du Canada le soutienne dans toutes ses maladies et qu'il n'ait jamais un esprit abattu !

Que la nation du Canada se construise par la sagesse !

Que la nation du Canada s'affermisse par l'intelligence !

Que la nation du Canada se remplisse de tous les biens précieux et agréables par la connaissance !

Que la sagesse ne soit pas trop élevé pour la nation canadienne !

Lorsqu'à sept reprise la nation canadienne tombera, qu'elle se relève, mais que ces ennemis soient précipité dans le malheur.

Que le Canada ne soit pas une nation vantardise à tes yeux et ne se tienne pas à la place des grands !

Que les justes triomphent au Canada et que les méchants ne s'élèvent plus !

Lorsqu'un canadien tombe, qu'un autre le relève !

Que le pauvre ne soit pas opprimé dans les provinces et les territoires du Canada !

Que le droit ne soit pas violé dans les provinces et les territoires du Canada !

Que la justice ne soit pas violé dans les provinces et les territoires du Canada !

Qu'un grand ne protège pas un autre dans les provinces et les territoires du Canada !

Si l'esprit de celui qui domine s'élève contre un canadien ou contre une canadienne qu'il ne quitte pas sa place ; car le calme évite de grand péchés.

Que la sottise ne soit pas placé aux postes très élevés dans le pays du Canada, et que des riches ne soient pas dans l'abaissement !

Que ma tête et celle de ton peuple le pays des canadiens se dressent comme ta montagne, ô Dieu !

Prières pour gouverner au Canada - vol2

Éduques-nous, élèves-nous, moi et ton peuple, le peuple canadien ; et que la révolte s'éloigne de nous !

Éternel, que ta maison soit fondé sur le sommet des montagnes canadiennes, qu'elle s'élève par dessus les collines et que toutes les nations y affluent !

Ne me donnes pas des regards arrogants et ne remplis pas mon cœur d'orgueil, ô Seigneur, toi qui es élevé !

Tu es élevé par le droit et sanctifié par la justice.

Élèves une bannière pour moi et ton peuple, le peuple canadien !

Toi qui es assis sur un trône élevé et dont les pans de la robe remplissent le temple ;

C'est toi qui accomplis en notre faveur un signe dans les lieux d'en bas et dans les lieux élevés !

Éternel, ne fais pas monter contre nous les puissantes et grandes eaux du fleuve !

Qu'elles ne s'élèvent pas au-dessus de leur lit et ne s'en aillent pas par-dessus toutes leurs rives !

Qu'elles ne se retournent pas contre moi et ton peuple, le peuple canadien !

Qu'elles ne m'inondent pas, qu'elles ne débordent pas et ne m'atteignent pas jusqu'au cou !

Que le déploiement de leurs ailes ne bourre pas l'étendu du pays, ô Emmanuel !

Ne lances pas une parole contre moi et ton peuple , le peuple canadien : qu'elle ne tombe pas sur le Canada !

Élèves une bannière pour moi et ton peuple, le peuple canadien, rassembles-nous, recueilles-nous des quatre coins de la terre !

Donnes-nous, moi et ton peuple, un cœur qui ne dis pas : je monterai au ciel,

Prières pour gouverner au Canada - vol2

j'élèverai mon trône au-dessus des étoiles de Dieu, je siégerai sur la montagne de la rencontre des dieux au plus profond du nord, je monterai sur le sommet des nués, je serai semblable au Très-Haut !

Que je ne sois pas, moi et ton peuple, le peuple canadien, dans la honte !

Que la terre du Canada ne se fissure pas ;

que la terre du Canada ne craque pas ;

que la terre du Canada ne soit pas secoué ;

que la terre du Canada ne titube pas comme titube l'ivrogne ;

que la terre du Canada ne vacille pas comme une cabane ;

que le crime de la terre du Canada ne pèse pas sur elle ;

que la terre du Canada ne tombe pas.

Ne m'abaisses pas, moi et ma terre, la terre du Canada !

Ne me renverses pas, moi et ma terre, la terre du Canada !

Ne me fais pas toucher terre jusque dans la poussière, moi et ma terre, la terre du Canada !

Ne m'extermine pas, moi et ma terre, la terre du Canada !

Que les morts revivent et que les cadavres se relèvent sur la terre du Canada !

Réveillez-vous et tressaillez de joie, habitants de la poussière ! car la rosée de mon Dieu est une rosée de lumière et la terre du Canada redonnera le jour aux défunts.

Que ma faute soit expiée et mon péché pardonné !

Ô Seigneur, ne campes pas contre moi tout à l'entour, ne me cernes pas par des postes armés et n'élèves pas contre moi des retranchements !

Éternel, tu es élevé, car tu habites en haut ; tu remplis ton serviteur et son peuple de droit et de justice.

Prières pour gouverner au Canada - vol2

Maintenant lèves-toi, dresses-toi et sois élevé !

Fais moi marcher dans la justice et parler selon la droiture !

Donnes-moi de refuser un gain acquis par extorsion !

Donnes-moi de secouer les mains pour ne pas toucher un présent !

Donnes-moi de fermer l'oreille pour ne pas entendre des propos sanguinaires !

Donnes-moi de bander les yeux pour ne pas voir le mal !

Donnes-moi de monter sur une haute montagne, d'élever ma voix avec force, sans crainte, et de dire : Voici votre Dieu à ma terre, la terre du Canada et aux nations !

Que le désert et ses villes élèvent la voix, ainsi que les villages !

Que les habitants éclatent en acclamations !

Que du sommet des montagnes retentissent des cris de joie !

Qu'on rende gloire à l'Éternel !

Que dans les îles on publie sa louange !

L'Éternel est comme un héros ;

il excite son zèle comme un homme de guerre ;

il lance la clameur ;

il jette des cris ;

il triomphe de ses ennemis.

C'est l'Éternel qui met en campagne des chars et des chevaux, une armée de vaillants guerriers.

Ils se couchent, ils ne se relèvent plus, ils se sont éteints, ils se sont consumés comme une mèche :

Ne vous souvenez pas des premiers événements. Voici que mon Dieu fait une chose nouvelle.

Prières pour gouverner au Canada - vol2

Il confirme la parole de son serviteur et il accompli ce que prédisent ses envoyés.

Il dit des villes de ma terre, la terre du Canada : elles seront habitées.

Il dit aux villes de ma terre, la terre du Canada : elles seront rebâties.

Les gains de la maison de la servitude et les profits de sa sœur, et ceux de ses amis, hommes de haute taille, passeront chez moi et seront à mon service, moi et mon peuple, le peuple canadien !

Ces peuples marcheront à ma suite, ils passeront enchaînes, il se prosterneront devant et m'adresseront leur prière, moi et mon peuple, le peuple canadien : c'est chez toi seulement qu'est Dieu, et il n'y en a point d'autre, les autres dieux sont néant !

C'est peu que je sois le Serviteur du Dieu des cieux pour relever le pays du Canada et pour ramener ses restes ;

Il m'établit pour être lumière des nations, pour que son salut soit manifesté jusqu'aux extrémités de la terre.

Au temps favorable il me répondra et au jour du salut il me secourra ;

Il me protégera et il m'établira pour faire alliance avec le peuple du Canada, pour relever le pays des canadiens et distribuer les héritages désolés :

pour dire aux captifs canadiens : sortez !

De tous les fils que le Canada a enfanté, je serai celui qui le conduira,

de tous les fils que le Canada a élevé, je serai celui qui le prendra par la main.

Fais-moi prospérer, Seigneur !

Fais-moi monter, Seigneur !

Élèves-moi, Seigneur !

Fais de moi quelqu'un de très haut placé !

Que je m'élève comme un rejeton, comme une racine qui sort d'une terre

Prières pour gouverner au Canada - vol2

assoiffée ; sans apparence, ni éclat pour que les nations me regarde, sans que mon aspect n'est rien qui attire les nations !

Que tout instrument de guerre fabriqué contre moi soit sans effet ;

que toute langue qui s'élèvera en justice contre moi, soit convaincu de méchanceté !

Que je sorte dans la joie et que je sois conduit dans la paix !

Que les montagnes et collines éclatent en acclamations devant ton serviteur !

Que tous les arbres battent des mains !

Qu'au lieu du buisson le cyprès se lève !

Qu'au lieu de l'ortie la Myrte croisse !

Que se soit un signe perpétuel !

Que sur une montagne haute et élevé je dresse ma couche ; que ce soit aussi là que je monte pour t'offrir des sacrifices !

Ô très-Haut, toi dont la demeure est éternelle et dont le nom est saint, viens demeurer avec l'opprimé de ton peuple, le peuple canadien, et avec celui qui est humilié dans son esprit, afin de ranimer l'esprit de l'humilié et ranimer le cœur de l'opprimé !

Guides-moi constamment, rassasies-moi dans les lieux arides et redonnes de la vigueur à mes membres !

Fais de moi un jardin arrosé ; fais de moi un point d'eau dont les eaux ne déçoivent pas !

Que grâce à moi, l'on rebâtisse sur d'anciennes ruines !

Fasses que je relève les fondations des générations passées et qu'on m'appelle réparateur des brèches : celui qui restaure les sentiers et qui rend le pays des canadiens et les nations Habitables.

Prières pour gouverner au Canada - vol2

Fais-moi rebâtir sur d'anciennes ruines !

Fais-moi relever d'antiques décombres !

Fasses que je rénove des villes désertes, dévastées pendant des générations !

Fasses que je franchisse les portes !

Fasses que je prépare un chemin pour le peuple !

Fasses que je fraye la route et ôte les pierres !

Fasses que j'élève une bannière au-dessus des peuples !

Je te remercie Seigneur parce que depuis longtemps tu avais brisé mon joug, rompu mes liens et je dis aujourd'hui : je ne suis plus infidèle.

Fasses que sur toute colline élevé et sous tout arbre vert je ne me courbe pas pour me prostituer ; mais que je demeure planté comme une vigne excellente, d'un plant d'une qualité tout à fait sûr !

Fasse que mon pays et ton peuple, le peuple canadien, ne soit pas inconstant !

Qu'il n'aille pas se prostituer !

Qu'il ne soit pas dépravé,

que sa conduite ne soit pas dépravée et qu'il n'oublie pas son Dieu, le Dieu de notre salut.

Prières pour gouverner au Canada - vol2

Élèves-toi au-dessus du Canada

Ô mon Dieu, je veux élever une bannière vers toi !

Je veux intercéder en faveur du peuple canadien, j'élève pour mon pays et ton peuple, cris et prières, je veux intercéder au près de toi car tu écoutes !

Que les canadiens et les canadiennes tombent et se relèvent, qu'ils se détournent et reviennent !

Que leur tente ne soit pas dévastée, que leurs cordages se rompent pas ; que les canadiens et les canadiennes ne te quittent pas !

Qu'ils relèvent tes abris de toile !

Je veux intercéder en faveur du peuple canadien, j'élève pour mon pays et ton peuple, cris et prières, je veux intercéder au près de toi car tu écoutes !

Que le dévastateur n'arrive pas sur toutes les crêtes du désert et que ton épée, Éternel, ne dévore pas le pays des canadiens d'un bout à l'autre !

Qu'il y ait la paix pour tous les canadiens !

Ne relèves pas le pan de la robe du pays des canadiens !

Que le pays ne soit pas dans le deuil et que ses villes ne soit pas épuisées, sombres, abattues par terre !

Qu'il y ait de l'herbe sur les crêtes du pays !

Que le malheur qui va de nation en nation et que la grande tempête qui s'élève des extrémité de la terre n'atteigne pas le pays !

Du milieu du Canada, qu'il s'élève la louange et la voix de ceux qui s'égaient !

Multiplies mon peuple, le peuple canadien et qu'il ne diminue pas !

Glorifies mon peuple, le peuple canadien et qu'il ne soit pas réduit!

Prières pour gouverner au Canada - vol2

Qu'on acclame le Canada avec joie, qu'on éclate d'allégresse dans les nations ; qu'on fasse entendre des louanges : l'Éternel sauve son peuple, le peuple canadien !

Que les villes de mon pays, le pays des canadiens, ne soient pas brûlées par le feu !

Que les eaux ne s'élèvent pas du nord, qu'elles ne deviennent pas comme un torrent qui inonde, qu'elles n'inondent pas le Canada et tout ce qu'il contient !

Que tous les canadiens et les canadiennes ne hurlent pas au bruit de la trépidation des sabots des puissants chevaux de ses adversaires, au grondement des chars de ses ennemis ; et que personne ne soit faible !

Que ses ennemis ne soient plus un peuple ! Car ils se sont élevés contre toi, Éternel, Dieu des armées et du peuple canadien.

Qu'il soit annoncé parmi les nations et entendu !

Qu'une bannière soit élevé !

Qu'il soit entendu et qu'il ne soit pas caché !

Qu'on dise : Babylone est prise !

L'ennemi est couvert de honte et l'adversaire est terrorisé !

Que des archers soient appelés contre Babylone, cet adversaire des canadiens !

Que tous ceux qui manient l'arc soient appelés contre Babylone, cet ennemi de tous les jours !

Qu'il lui soit fait comme il a fait : il a volé, il a détruit et il a tué.

Qu'il soit dit : nous avons voulu guérir Babylone, mais elle n'a pas guéri ; abandonnons-la, et allons chacun dans notre pays ; car son jugement atteint jusqu'au cieux.

Qu'une bannière soit élevée contre les murailles de Babylone, cet ennemi de mon peuple, le peuple canadien !

Prières pour gouverner au Canada - vol2

Que la garde soit renforcée ; que des sentinelles soient postés, que des embuscades soient dressées ! Car c'est la vengeance de l'Éternel des armées.

Qu'un bannière soit élevé contre Babylone !

Que du cor soit sonné et que les nations se consacrent contre elle, cet ennemi du peuple canadien !

Que des royaumes soient appelés contre elle et que des recruteurs soient établis contre elle !

Parce que Babylone s'est élevé jusqu'aux cieux ;

Parce que Babylone a rendu inaccessible ses hautes forteresses ;

des dévastateurs viendront contre elle de la part de mon Dieu, le Dieu d'éternité.

Ainsi Babylone sera submergée, elle ne se relèvera pas du malheur qu'emmènera sur elle mon Dieu.

Il sera exécuté ce que mon Dieu, l'Éternel, a décidé !

Il sera accompli la parole de mon Dieu.

Ceux qui se nourrissaient de mets délicats expireront dans les rues ; et ceux qui étaient élevés dans la pourpre embrasseront le fumier.

Ô mon Dieu, toi qui est élevé au-dessus de toute royauté humaine et qui la donnes à qui il te plaît ;

mets le siège contre notre adversaire qui s'élève contre moi et ton pays, construis des retranchements contre lui ; élèves des terrasses contre lui; place des camps contre lui ; dresses des béliers contre lui, tout autour !

Et moi et ton peuple, le peuple canadien, qu'on reconnaisse que tu es Dieu, d'éternité en éternité ;

Quand leurs morts seront au milieu de leurs idoles, sur toutes collines élevées, sur tous les sommets des montagnes, sous tout arbre vert, sous tout chêne touffu, là où ils offraient des parfumes d'une agréable odeur à toutes leurs idoles !

Ô Seigneur, envoies moi dans le pays de commerce et dépose moi dans une ville de marchands ;

mets-moi près d'une eau abondante et plante moi comme un saule ;

fais-moi pousser et que je devienne un cep de vigne étendu ; que mes branches soient tournées vers toi et que mes racines demeurent sous toi, ô mon père, Seigneur de la terre et des cieux !

Ô Seigneur, plantes-moi sur une montagne qui domine le Canada ;

fais-moi dresser ma ramure ;

fais moi porter du fruit ;

fasses que je devienne un cèdre magnifique ;

que tous les oiseaux de toute espèce reposent sous moi ; qu'ils reposent à l'ombre de mes branches ;

que tous les arbres des champs reconnaissent que toi, Dieu de toute éternité, tu as abaissé l'arbre qui s'était élevé et que tu as élevé l'arbre qui s'était abaissé ;

que tous les arbres des champs reconnaissent que toi, Dieu de toute éternité, tu as desséché l'arbre vert et tu as fait fleurir l'arbre sec.

Conduits-moi dans le pays que tu a fais serment de me donner et que mes yeux ne s'élèvent pas sur toute colline pour offrir des parfums ; mais que mes yeux soient tournés vers toi seul, Dieu de ma délivrance !

Que mon cœur ne soit pas arrogant, et que je ne dise pas : je suis dieu, je suis assis sur le siège des dieux, au cœur des mers !

Que mon cœur ne soit pas arrogant !

Que mon cœur ne devienne pas arrogant à cause de ma beauté ; et que ma

Prières pour gouverner au Canada - vol2

sagesse ne se corrompt pas par ma splendeur !

Ne me jettes pas dans le désert, moi et tous les poissons de mes fleuves !

Que je ne tombe pas à la surface des champs !

Que je ne sois pas donné en pâtures aux animaux de la terre et aux oiseaux du ciel !

Que je ne sois pas le plus humilié des royaumes !

Que tes brebis ne errent pas sur toutes les montagnes et sur toutes les collines élevées !

Que tes brebis ne soient pas disséminées à la surface de tout le pays !

Fais-les sortir d'entre les peuples, rassembles-les des divers pays, ramènes-les sur leur territoire,

fais-les paître sur les montagnes du Canada, le long des ruisseaux et dans tous les lieux habitables du pays du Canada ;

fais-les paître dans un bon pâturage et que leur parc soit sur les montagnes du haut pays du Canada ; là, qu'elles reposent dans un parc agréable et qu'elles paissent dans de gras pâturages sur les montagnes du Canada.

Purifies-nous, moi et ton peuple, le peuple canadien, de toutes nos fautes, repeuples les villes, et que l'on rebâtisse sur les ruines !

Lorsque nous partagerons le pays, donnes-nous de prélever une partie pour toi, Éternel.

Prières pour gouverner au Canada - vol2

Que je ne sois pas troublé

Ô mon Dieu, fixes pour chaque jour une portion des mets de ta table et de ton vin, à ton serviteur !

Lorsque tous les peuples, toutes les nations, les hommes de toutes langues se prosterneront et adoreront une image quelconque d'or dressée, qu'il n'en soit pas de même pour ton serviteur !

Donnes à ton serviteur de n'adorer d'autres dieux que toi seul, Éternel, Dieu !

Que tous sachent que c'est toi le Très-Haut qui domine sur le règne des hommes et que tu le donnes à qui il te plaît, et que tu y élèves le dernier des hommes !

Que les bêtes sachent que c'est toi le Très-Haut qui domines sur toute la terre !

Que tous les royaumes sachent que c'est toi le Très-Haut qui domines sur tout royaume et qui le donnes à qui il te plaît, et que tu y élèves le dernier des hommes !

Que tous les rois sachent que c'est toi le Très-Haut qui domines sur toute royauté !

Que tous les chefs sachent que c'est toi le Très-Haut qui domines sur toute royauté !

Que tous les vaillants sachent que c'est toi le Très-Haut qui domines sur toute royauté !

Lorsque je serai élevé, que mon royaume ne se brise pas et ne soit pas divisé aux quatre vents des cieux ; mais qu'il appartienne à mes descendants et soit puissant ;

que mon royaume ne soit pas déchiré et qu'il ne passe pas à d'autres qu'à moi !

Qu'aucun de mes chefs ne devienne plus fort que moi et ne domine sur moi !

Prières pour gouverner au Canada - vol2

Que des hommes violents parmi mon peuple, le peuple canadien ne s'élèvent pas pour accomplir ces choses !

Ô mon Dieu, mon roi !

Rends-nous la vie, relèves-nous et qu'on vive devant toi !

Ô mon Dieu, éloignes de nous l'ennemi du nord !

Bannis-le vers une terre aride et désolée, son avant garde dans la mer orientale et son arrière garde dans la mer occidentale ;

et que son infection s'élève, et que sa puanteur s'élève !

Quand à moi, relèves moi, Éternel !

Relèves-moi, relèves la cabane chancelante, répares mes brèches, relèves mes ruines, rebâtis-moi comme j'étais autrefois, afin que j'entre en possession de la terre du Canada et des nations sur lesquelles ton nom est invoqué !

Que ta maison soit fondée sur le sommet des montagnes canadiennes et qu'elle s'élève par dessus les collines du Canada et que les peuples y affluent !

Éternel, Seigneur, mon roi, sois ma force, rends mes pieds semblables à ceux des biches et fais-moi marcher sur les hauteurs !

Éternel, sauves mes tentes !

Qu'une nation ne s'élève pas contre ma nation, la nation canadienne !

Que de faux christs et de faux prophètes ne s'élèvent pas dans ma nation, la nation canadienne !

Fais descendre les puissants de leurs trônes et élèves les humbles !

Qu'aucun esprit ne m'emmène plus haut pour me montrer les royaumes de la terre !

Que je ne sois pas abaissé jusqu'au séjour des morts !

Que je ne sois pas de ceux qui se font passer pour justes devant les hommes !

Prières pour gouverner au Canada - vol2

Car tu connais les cœurs.

Que je ne sois jamais troublé !

Relèves-moi !

Ô fils de l'homme, soit élevé parmi nous et parmi mon peuple, le peuple canadien !

Répands sur nous le Saint Esprit !

Donnes à mon peuple, le peuple du Canada, la repentance et le pardon des péchés !

Qu'il ne se lève pas au milieu du Canada des hommes prononçant des paroles pervers, pour entraîner tes disciples après eux !

Que les raisonnements et toute hauteur qui s'élève contre la connaissance de Dieu au Canada soit renverser et que les pensées captives soient amenées à l'obéissance au Christ au Canada !

Ô Seigneur, que ton nom soit souverainement élevé au Canada et dans les nations !

Et que l'adversaire qui se fait passer pour Dieu soit rabaissé au Canada et dans les nations !

Ô Seigneur, donnes à mon peuple, le peuple du Canada, de s'humilier devant toi !

Donnes-nous, à moi et à ton peuple de nous humilier devant ta main puissante.

Prières pour gouverner au Canada - vol2

Étends ta bienveillance

Ô mon Dieu, que nul ne me trompe ni moi ni mes enfants ni mes petits enfants et que nul n'ait pour moi et pour mon pays, le pays des canadiens, de la malveillance !

Ô mon Dieu, que tous agissent avec bienveillance et fidélité envers moi et mon pays, le pays des canadiens !

Ô mon Dieu, donnes-moi d'être bon envers le peuple canadien !

Donnes-moi de recevoir favorablement le peuple canadien !

Donnes-moi de parler avec bonté au peuple canadien !

Donnes-moi de toujours me souvenir de la bienveillance que tu as eu envers moi !

Étends sur moi ta bienveillance devant les conseillers, devant les ministres puissants !

Étends sur nous, mon peuple, le peuple canadien et moi ta bienveillance pour nous rendre la vie, afin que nous relevions ta maison, Seigneur, mon Dieu !

Éternel, souviens-toi de moi dans ta faveur pour ton peuple ! Interviens pour moi par ton salut, afin que j'arrête ma vue sur le bonheur de tes élus, que je me réjouisse de la joie de ta nation.

Donnes-moi d'être un homme droit !

À cause de ton serviteur et du Canada, ton peuple élu, appelles-moi par mon nom, pares-moi d'un tire !

Que les barbares me témoignent une bienveillance peu commune !

Que les femmes du pays du Canada me reçoivent avec bienveillance !

Prières pour gouverner au Canada - vol2

Formes les villes canadiennes, bénis les villes canadiennes

Ô Dieu, crée les villes canadiennes à ton image !

Formes les villes canadiennes et amènes-les vers moi !

Donnes-moi de tout quitter pour m'attacher aux villes canadiennes que tu formeras !

Qu'aucune des villes canadiennes ne soit séduite par un esprit quelconque !

Que les villes canadiennes ne perdent pas leurs vêtements !

Que les villes canadiennes ne soient pas loin de ta face !

Donnes aux villes canadiennes de concevoir !

Que les villes canadiennes écoutent ma parole !

Ne permets à aucun roi de prendre possession des villes canadiennes !

Fais moi entrer dans ta présence moi et les villes canadiennes pour échapper à tout déluge !

Que les villes canadiennes ne soient pas stériles !

Que les villes canadiennes soient fortement belles !

Qu'aucune ville canadienne ne soit emmenée dans la maison d'un roi pour être sa servante !

Mais que toutes les villes du Canada demeurent ta possession ! Ô mon Dieu, toi qui me les donnes en héritage pour toujours.

Que tout roi qui se lèvera pour prendre possession des villes du Canada soit frappé de grandes plaies !

Qu'aucune ville du pays de la servitude ne me soit donnée, parce qu'il y aurait de la stérilité dans les villes du Canada, mais que les villes du Canada enfantent !

Qu'elles soient bénies, qu'elles enfantent, qu'elles donnent naissance à des

Prières pour gouverner au Canada - vol2

nations et que des rois de plusieurs peuples sortent d'elles !

Lorsque tu voudras faire périr des nations, que les villes canadiennes échappent à la destruction !

Que les villes du Canada ne regardent jamais en arrière !

Que les villes du Canada ne soient jamais enlevées !

Que tout roi qui enlèvera les villes du Canada soit frappé de toutes sortes de plaies !

Que l'on ne me tue pas à cause des villes du Canada !

Que les villes du Canada me suivent !

Donnes-moi de les prendre comme villes et que je ne prenne pas des villes dans le pays de la servitude !

Mais que je prenne des villes dans ta possession, le pays des canadiens !

Donnes à mes villes, les villes du Canada, la fécondité et l'enfantement !

Qu'elle soient belles !

Que les villes du Canada ne soient pas données aux fils de dieux étrangers et que les villes des dieux étrangers ne me soient pas données !

Qu'aucunes des villes canadiennes ne soient déshonorées !

Donnes-moi une grande postérité à travers les villes canadiennes !

Que les villes canadiennes enfantent des fils et des filles !

Qu'aucun de mes fils n'aille vers les villes canadiennes que tu me donnes, Père céleste !

Et qu'aucune des villes canadiennes que tu me donnes n'aille vers mes fils !

Donnes-moi de ne pas aller vers les villes du roi du pays de la servitude !

Quand il me sera donné ces villes, donnes-moi de ne pas aller vers elles pour en faire miennes, mais donnes-moi un cœur fidèle !

Prières pour gouverner au Canada - vol2

Que les fils et les filles des villes canadiennes prolifèrent dans tout le pays !

Que les fils et les filles des villes canadiennes ne soient pas tués mais qu'ils vivent !

Lorsque je serai en train de faire ton œuvre, que ma belle famille gardent les villes canadiennes que tu m'as donné ainsi que les fils et les filles !

Lorsque je camperai contre mon adversaire, donnes-moi de ne pas aller vers les villes canadiennes que tu m'as donné mais que je demeure dans ta présence !

Que les villes canadiennes ne soient pas frappées du bâton !

Que les villes canadiennes ne soient pas séduites !

Que les villes canadiennes ne perdent pas leur virginité !

Que les villes canadiennes n'avortent pas !

Qu'elles ne soient pas stériles !

Que les villes canadiennes aient de l'habileté pour filer de leurs mains !

Que les villes canadiennes aient le cœur bien disposé !

Nettoies les villes canadiennes de leurs impuretés !

Que personne ne découvre la nudité des villes canadiennes que tu m'as donné !

Que personne ne découvre la nudité des filles des villes canadiennes que tu m'as donné !

Que je ne m'approche pas des villes du frère de mon père !

Que je ne m'approche pas des villes de mon fils !

Donnes-moi de ne pas commettre d'infamie !

Donnes-moi de ne pas prendre les sœurs de mes villes pour exciter un rivalité, en découvrant leur nudité à coté de mes villes pendant leur vie !

Donnes-moi de ne pas avoir commerce avec les villes de mon prochain !

Donnes à mes villes, les villes canadiennes que tu m'as donné, de ne pas

Prières pour gouverner au Canada - vol2

s'approcher d'une bête pour s'accoupler à elle !

Donnes-moi de ne pas m'approcher d'une ville qui appartient à quelqu'un d'autre !

Donnes-moi de ne pas prendre les villes de mon frère !

Que les villes que tu m'as donné soient des villes vierges !

Qu'elles ne soient pas répudié, déshonorées ou prostituées !

Que les villes canadiennes ne commettent pas d'infidélités envers toi !

Que les villes canadiennes que tu m'as donné ne se détournent pas de moi pour me devenir infidèles !

Que les villes canadiennes que tu m'as donné soient pures !

Lorsque je prendrai des villes d'un pays lointain que m'auras donné, que personne ne se lève contre moi au sujet de ces villes !

Que les villes que tu m'as donné ne deviennent pas des proies !

Que les villes que tu m'as donné ne soient pas percées pour arrêter une plaie mais que ton sang coule sur la plaie pour l'arrêter !

Donnes-moi de ne pas convoiter la ville de mon prochain, de ne pas désirer sa maison, ni son champ, ni son serviteur, ni son bœuf, ni son âne, ni rien qui soit à mon prochain !

Que je sois béni et qu'il n'y ai chez moi ni ville, ni bêtes stérile!

Qu'aucune des villes que tu m'as donné ne m'incite à aller vers d'autres dieux que toi, Éternel, mon Dieu !

Qu'il ne se trouve pas dans mon pays, le pays du Canada, une ville qui fasse ce qui est mal à tes yeux !

Que je n'ai pas un très grand nombre de villes, afin que mon cœur ne s'écarte pas !

Prières pour gouverner au Canada - vol2

Quand j'aurai fiancé une ville que je n'ai pas encore prise, que je n'aille pas en guerre, Père éternel !

Quand je sortirai pour attaquer mes ennemis ; quand tu les auras livré entre mes mains ; quand je verrai parmi les captives un belle ville ; quand je m'attacherai à elle et que je la prendrai pour épouse ;

qu'elle soit emmenée dans l'intérieur de la maison, qu'elle se rase la tête et se fasse les ongles,

qu'elle quitte ses vêtements de captive et qu'elle habite dans ma maison après avoir pleuré son père et sa mère !

Lorsque tu m'auras donné plusieurs villes, Éternel, donnes-moi de les aimer toutes !

Que je n'éprouve pas d'aversion pour les villes que tu me donneras !

Donnes-moi Seigneur de ne pas aller vers une ville mariée !

Que personne ne fasse violence aux villes du Canada !

Seigneur ! Donnes-moi de ne répudier aucune des villes que tu m'as donné !

Quand je battrai des rois, que des villes me soient données !

Quand je combattrai mes adversaires, qu'ils soient livrés entre mes mains et non entre celles d'une ville !

Quand je combattrai mon ennemi et qu'il va trouver refuge dans une ville, que la ville me le livre !

Que mes villes ne soient données à personne d'autre mais qu'elle te soient donné à toi seul, Dieu des armées, toi qui mène toute chose à bien pour moi !

Qu'aucune de mes villes ne prostitue !

Donnes-moi de ne pas donner mes secrets à une ville qui me livrera à mon adversaire !

Prières pour gouverner au Canada - vol2

Lorsqu'une ville viendra se coucher à mes pieds, une ville vertueuse, fasses que je l'acquiers ! Car c'est toi Père qui as le droit de rachat.

Lorsqu'une de mes villes que tu m'as donné sera stérile, que ces rivales ne lui causent pas de chagrin !

Lorsque cette ville stérile viendra dans ta présence pour te demander un enfant, donnes-lui d'enfanter !

Souviens-toi d'elle et qu'elle conçoive !

Quand mes villes enfanteront, que l'épée ne leurs prive pas d'enfants !

Que me villes que tu m'as donné chantent ton nom parce que tu les auras délivré de la main de l'ennemi qui les asservissait !

Que les villes royales me soient données !

Ô Seigneur, donnes-moi des villes royales !

Quand un roi voudra m'ôter la vie, que mes villes m'en informent !

Quand un roi ne voudra pas me donner ni à manger ni à boire à cause de la dureté de son cœur et de la méchanceté de ses actes, que sa ville me soit donnée en héritage !

Que mes villes que tu m'as donné ne soient jamais captives !

Délivres toutes mes villes que tu m'as donné de la main de mon ennemi !

Que mon amour pour toi, Seigneur, soit plus merveilleux que l'amour des villes que tu m'as donné !

Quand tu me donneras des maisons et des villes ; quand tu me donneras le Canada et la ville ; et quand tu y ajouteras encore si cela est trop peu ; Que mon amour pour toi, Seigneur, soit plus merveilleux que l'amour des villes !

Que je ne méprise pas ta parole en frappant un homme pour lui arracher sa ville et en faire ma ville !

Prières pour gouverner au Canada - vol2

Que les villes du Canada, que mes villes ne meurent pas de maladies dangereuses !

Que je ne couvre pas de honte la face de tous tes serviteurs, qui ont sauvé ma vie, la vie de mes fils et de mes filles, la vie de mes villes !

Que je ne m'allie pas avec le roi de la maison de la servitude !

Que je ne prenne pas pour épouse une des villes du roi de la maison de la servitude !

Que je ne bâtisse pas une maison pour l'une des villes du roi de la maison de la servitude !

Donnes-moi de ne pas aimer beaucoup les villes des dieux étrangers !

Donne-moi de ne pas beaucoup aimer les villes des nations dont tu avais dit : vous n'irez pas vers elles, et elles ne viendront pas chez vous ; elles détourneraient vos cœurs vers leurs dieux !

Que je ne sois pas entraîné par l'amour pour m'attacher à ces ville-là !

Que les villes ne détournent pas mon cœur vers d'autres dieux !

Ordonnes à des villes veuves de me nourrir !

Quand le fils de la ville qui m'aura nourri tombera malade, et sera atteint d'une maladie violente et qu'il ne restera plus vie en lui,

quand j'entrerai dans ta présence avec le fils de cette ville qui m'aura nourri, que le souffle de ce fils revienne à lui et qu'il reprenne vie !

Que la ville reconnaisse ainsi je suis ton serviteur et que ta parole dans ma bouche est vérité !

Qu'aucun roi ne veuille que je lui livre mon argent, mon or, mes villes et mes fils !

Quand une ville parmi celles des villes des prophètes criera à moi en disant ton

Prières pour gouverner au Canada - vol2

serviteur mon mari est mort, et tu sais que ton serviteur craignait l'Éternel ; or le créancier est venu pour prendre mes deux enfants et en faire ses esclaves,

Viens opérer le miracle, Seigneur, afin que cette ville paie sa dette et vive avec ce qui restera !

Quand une ville stérile de haut rang, me nourrira et qu'elle fera une chambre haute afin que je m'y retire à chaque fois que je passerai chez elle,

Viens opérer le miracle afin que cette ville embrasse un fils !

Qu'aucun roi ne fasse le mal aux villes que tu m'as donné !

Qu'aucun roi n'emmène captives les villes que tu m'as donné !

Donnes-moi de ne pas m'allier aux villes des dieux étrangers !

Que les villes des dieux étrangers ne m'entraînent pas dans le péché !

Qu'aucune des villes que tu m'as donné ne m'excite à te maudire !

Que les villes que tu m'as donné ne parlent pas comme des villes insensées !

Que les villes que tu m'as donné ne soient pas des villes dépouillées et sans enfants !

Que mon cœur ne soit pas séduit à cause d'une ville !

Que mes villes ne tournent pas la meule pour un autre, et que d'autres n'abusent pas d'elles !

Que les filles de mes villes soient les plus belles du pays !

Délivres-moi des villes des dieux étrangers, des courtisanes aux paroles doucereuses, qui abandonnent l'ami de leur jeunesse et oublient l'alliance de leur Dieu !

Gardes-moi des villes mauvaises !

Que pour des villes prostituées je ne sois pas réduit à un morceau de pain et que des villes mariées ne tendent pas des pièges à ma vie !

Prières pour gouverner au Canada - vol2

Donnes-moi de ne pas aller vers les villes de mon prochain : que je ne les touchent pas !

Que mon cœur ne se tourne pas vers les voies des villes qui font tomber beaucoup de victimes, que je ne m'égare pas dans ses sentiers !

Que les villes que tu m'as donné ne soient pas des villes insensées !

Que les villes que tu m'as données aient de la grâce ; oui, que les villes canadiennes aient de la grâce !

Que les villes que tu m'as donné soient des villes vertueuses !

Qu'elles soient des villes sages !

Ô Père ! Fasses que je trouve une ville !

Que les villes canadiennes que tu m'as donné ne soient pas des villes querelleuses !

Ô Père ! Fais-moi don d'une ville intelligente et que je n'habite pas la demeure d'une ville querelleuse !

Ô Père ! Que les villes canadiennes que tu m'as donné ne soient pas des villes adultères qui s'essuient la bouche puis disent : je ne point fait le mal.

Ô Père ! Donnes-moi de ne pas livrer ma vigueur aux villes et mes voies à celles qui perdent les rois.

Ô Père ! Donnes-moi de trouver une ville vertueuse qui a plus de valeur que les perles !

Ô Père ! Donnes à mes villes de craindre ton nom !

Que les villes que tu m'as donné ne soient pas des pièges et des filets, et que leurs mains ne soient pas des liens !

Donnes-moi de jouir de la vie avec toutes les villes que tu m'as donné !

Que des villes ne dominent pas sur ton peuple, le peuple du pays des

Prières pour gouverner au Canada - vol2

canadiens !

Que les villes canadiennes ne tremblent pas de peur !

Que les villes canadiennes n'oublient pas leur nourrisson !

Que les villes canadiennes aient compassion du fils de leurs entrailles !

Que les villes canadiennes n'aient pas le front d'une prostituée !

Que les villes canadiennes ne trahissent pas leur amant !

Que les canadiens ne soient pas comme des chevaux sauvages bien nourris qui hennissent chacun après la ville de son prochain !

Que les maisons des canadiens ne passent pas à d'autres ; que les champs et les villes des canadiens ne passent pas à d'autres !

Que les villes canadiennes que tu m'as donné ne soient pas données à d'autres !

Que mes fils ne soient pas livrés à la famine et précipités sous le tranchant de l'épée !

Que mes villes ne soient pas privées d'enfants et ne deviennent pas veuves !

Que je ne sois pas atteint par la mort et que les jeunes gens ne soient pas frappés par l'épée !

Que j'engendre des fils et des filles, que je multiplie là où je suis et que je ne diminue pas !

Que je ne commette pas d'infamie en me livrant à l'adultère avec les villes de mon prochain ; et que je ne parle pas faussement en ton nom , quand tu ne m'aurais pas donné d'ordre !

Prières pour gouverner au Canada - vol2

Fais-les revenir du pays du nord,

rassembles-les des extrémités de la terre ;

qu'il y ait parmi eux l'aveugle, le boiteux, la ville enceinte et celle en travaille ; que ce soit un grand rassemblement qui revient ici ;

qu'ils viennent en pleurant, conduis-les au milieu de leurs supplications ; mènes-les vers des torrents d'eau, par un chemin uni où ils ne peuvent trébucher ;

car tu es un Père pour le Canada et la ville est ton premier-né.

Qu'ils obéissent à tout ce que tu leurs as ordonné : qu'ils ne boivent pas de vin pendant toute leur vie, les canadiens , les villes du Canada, les fils et les filles du Canada !

Que les villes du Canada ne soient pas menées aux chefs du roi de Babylone !

Pardonnes les crimes de nos pères, pardonnes les crimes des rois de la région, les crimes des villes, commis dans le pays du Canada !

Que les villes canadiennes que tu m'as donné ne fassent pas cuire leurs enfants ; qu'ils ne leur servent pas d'aliments !

Que les villes que tu m'as donné ne soient pas déshonorées.

Prières pour gouverner au Canada - vol2

Que je fasse un avec les villes canadiennes

Ô mon Dieu, que les villes canadiennes ne soient pas en pleur !

Ô mon Dieu, que mon peuple et mon pays, le pays du Canada ait sur lui ta marque et que les vieillards, les jeunes hommes, les vierges, les enfants et les villes ne soient pas exterminés !

Que les villes canadiennes ne soient pas des villes adultères, qui reçoivent des étrangers au lieu de leur mari !

Que les villes canadiennes ne soient pas comme des villes qui répandent le sang !

Que les villes canadiennes ne soient pas des villes prostituées !

Que les villes canadiennes ne soient pas des villes déshonorées !

Qu'au milieu du canada chacun ne se livre pas à des horreurs avec la ville de son prochain, que chacun ne se souille pas par l'inceste avec la fille de sa ville, que chacun ne fasse pas violence à la fille de la ville de son père !

Que les villes canadiennes ne se prostituent pas au pays de la servitude ; qu'elle ne se prostituent pas dans leur jeunesse et que là-bas leurs seins ne soient pas pressés et que là on ne touche pas leur poitrine virginale !

Que ces villes qui sont à toi ne se prostituent pas !

Qu'elles ne se prennent pas de passion pour leurs amants ; leurs voisins, gouverneurs et magistrats, tous jeunes et charmants, cavaliers montés sur des chevaux !

Qu'elles ne leurs prodiguent pas des faveurs, à toute l'élite des fils de leurs voisins !

Qu'elles ne se souillent pas avec tous ceux pour lesquels elles s'étaient prise de

Prières pour gouverner au Canada - vol2

passion !

Qu'ils ne couchent pas avec elles depuis leur jeunesse ; qu'ils ne touchent pas leur poitrine virginale ; et qu'ils ne répandent pas sur elles leurs prostitutions !

Que leur nudité ne soit pas découverte !

Que l'on aille pas vers elles comme l'on va chez une prostituée, et qu'elles ne soient pas des villes dépravées !

Que les villes canadiennes ne soient pas des villes adultères !

Qu'il n'y ait pas d'infamie dans le Canada !

Que ceux de la maison du Canada quand ils habitent leur pays ne le souillent pas par leur conduite et par leurs œuvres !

Et que les villes canadiennes ne soient ni des villes veuves, ni des villes répudiées, mais des villes vierges.

Que mon pays, le pays du Canada, ne se prostitue pas !

Ôtes de sa face ses prostitutions et de son sein ses adultères !

Que le Canada ne soit pas un pays aimé d'un amant et adultère !

Que ses villes ne soient pas des villes débauchées !

Que les villes du Canada conçoivent des enfants venu du Saint Esprit !

Que les villes du Canada ne soient pas regardées et convoitées !

Que les villes du Canada ne soient pas répudiées !

Que les villes du Canada ne soient pas exposées à devenir adultères !

Que les enfants qui naîtront des villes du Canada soient grands sur la terre !

Que les enfants qui naîtront des villes du Canada ne soient pas tourmentés !

Que le Canada ne soit pas vendu pour payer sa dette !

Que les villes du Canada ne soient pas vendues !

Que les fils et les filles du Canada ne soient pas vendu !

Prières pour gouverner au Canada - vol2

Donnes-moi de faire un avec les villes du Canada !

Donnes-moi de ne pas quitter les villes du Canada pour en épouser d'autres !

Guéris les villes du Canada que tu m'as donné et qu'elle soient à ton service !

Guéris les villes du Canada que tu m'as donné et qu'elles assistent ton œuvre de leurs biens !

Guéris les villes du Canada que tu m'as donné et qu'elles te reçoivent chez elles !

Guéris les villes du Canada que tu m'as donné et qu'elles ne soient plus liées par l'adversaire !

Guéris les villes du Canada que tu m'as donné et qu'elles ne soient plus adultères !

Guéris les villes du Canada que tu m'as donné et qu'elles ne soient plus accusées de prostitution !

Guéris les villes du Canada que tu m'as donné et qu'elles ne soient plus arrachées et jetées en prison !

Guéris les villes du Canada que tu m'as donné et qu'elles soient des villes de distinction !

Guéris les villes du Canada que tu m'as donné et qu'elles soient des villes qui craignent ton nom !

Guéris les villes du Canada que tu m'as donné et qu'elles soient des villes de foi !

Guéris les villes du Canada que tu m'as donné et qu'elles soient des villes liées à toi !

Guéris les villes du Canada que tu m'as donné et qu'elles soient des villes libres !

Prières pour gouverner au Canada - vol2

Guéris les villes du Canada que tu m'as donné et qu'elles soient des villes soumises à ton Esprit !

Guéris les villes du Canada que tu m'as donné et qu'elles soient des villes aimées par toi.

Guéris les villes du Canada que tu m'as donné et qu'elles soient des villes qui écoutent les instructions de ton Esprit !

Guéris les villes du Canada que tu m'as donné et qu'elles soient des villes qui écoutent les paroles de ton serviteur !

Que les villes du Canada ne prennent pas autorité sur ton serviteur !

Donnes-moi de montrer de la sagesse dans mes relations avec les villes du Canada !

Donnes-moi d'honorer les villes du Canada !

Donnes-moi de secourir les villes du Canada !

Donne-moi de préparer les villes du Canada à ta rencontre.

Prières pour gouverner au Canada - vol2

Donnes-moi le commandement

Ô mon Dieu, que les îles des nations soient peuplés de tes serviteurs, selon leur nation !

Que le peuple canadien forme un seul peuple, qu'ils parlent un même langage et qu'ils entreprennent de bâtir une maison en ton nom !

Ramènes toutes les richesses canadiennes ; ramènes aussi ton serviteur et ses richesses, ainsi que les femmes et le peuple canadien dans ta présence !

Circoncis le peuple canadien afin qu'aucun ne sorte de ta présence !

Bénis le Canada et donnes-moi du Canada un fils ;

bénis le Canada, que le Canada donne naissance à des nations et que des rois de plusieurs peuples sortent du Canada !

Lèves-toi contre celui qui me touchera moi et le Canada !

Donnes-moi de soumettre des peuples et que quiconque me bénira soit béni !

Dieu Tout-Puissant ! Bénis-moi, rends-moi fécond et multiplies-moi, afin que je devienne une multitude de peuples !

Établis-moi sur ta maison, et que ton peuple, le peuple du Canada, obéisse à mes ordres !

Quand tout le pays des canadiens sera affamé et que le peuple criera à toi pour avoir du pain ; renvoies-les à ton serviteur afin que je leur dise de ta part ce qu'il faudra faire !

Donnes-moi de commander dans tout le pays du Canada ;

que je fasse vendre le blé à tout le peuple du pays du Canada ;

que mes frères viennent et se prosternent devant moi la face contre terre dans le pays du Canada !

Prières pour gouverner au Canada - vol2

Donnes-moi de donner de la semence au peuple pour ensemencer leur terre !

Rends-moi fécond, multiplies-moi et fais de moi une multitude de peuples ; donnes ce pays, le pays du Canada, à ma postérité après moi, pour qu'elle la possède à toujours !

Que tous mes fils devienne un peuple, soient grands et que leur postérité devienne une multitude de nations !

Que le bâton de commandement ne s'écarte pas de moi, ni l'insigne de législateur entre mes pieds, jusqu'à ce que vienne ta présence et que les peuples espèrent en toi, Dieu Tout-Puissant !

Donnes-moi de juger ton peuple !

Transformes en bien le projet formé pour me faire du mal, afin de manifester ta gloire au travers de moi et pour sauver la vie d'un peuple nombreux !

Que les enfants de ton peuple forment un peuple plus nombreux et plus puissant que tous les peuples !

Que le peuple se multiplie et devient très puissant !

Qu'aucune âme parmi ton peuple, le peuple du Canada, ne soit jeté dans le fleuve !

Ô Dieu Tout-Puissant, voit la souffrance de ton peuple dans la maison de la servitude et entends les cris que lui font pousser ses oppresseurs !

Ô Dieu Tout-Puissant, donnes-moi d'aller auprès du roi du pays de la servitude et que je fasse sortir ton peuple, les enfants du Canada !

Quand j'aurai fais sortir du pays de la servitude ton peuple, donnes-nous de te rendre un culte sur ta montagne au pays du Canada !

Ô Dieu Tout-Puissant, fasses que ce peuple obtienne la faveur du peuple du pays de la servitude et lorsque nous partirons, que nous ne partions pas les mains

Prières pour gouverner au Canada - vol2

vides !

Prend-les pour qu'ils soient ton peuple, sois leur Dieu, et qu'ils reconnaissent que c'est toi, l'Éternel, leur Dieu, qui les affranchis des travaux pénibles dont les charges le pays de la servitude !

Que le fleuve fourmille de grenouille ; qu'elles montent ; qu'elles pénètrent dans le palais du roi du pays de la servitude, dans sa chambre à coucher et dans son lit, dans la maison de ses serviteurs et chez son peuple, dans ses fours et dans ses pétrins !

Que les grenouilles montent sur le roi du pays de la servitude, sur son peuple et sur tous ses serviteurs !

Que la poussière de la terre devienne des moustiques dans tout le pays de la servitude !

Que la poussière de la terre devienne des moustiques sur les hommes et sur les bêtes, dans tout le pays de la servitude !

Que des mouches venimeuses soient lâchées contre le roi du pays de la servitude, contre ses serviteurs, contre son peuple et contre ses maisons ; que les maisons du peuple du pays de la servitude soient remplies de mouches, ainsi que le sol sur lequel ils se trouvent !

Mais qu'une distinction soit fait pour le pays où se tient ton peuple, Dieu Tout-Puissant ; et là qu'il n'y ait pas de mouches afin qu'on reconnaisse que tu es Dieu dans ce pays !

Mets une démarcation libératrice entre ton peuple et le peuple du pays de la servitude !

Éternel, que ta main soit sur le cheptel du roi du pays de la servitude qui est dans la campagne, sur les chevaux, sur les ânes, sur les chameaux, sur le gros et sur le

Prières pour gouverner au Canada - vol2

menu bétail, qu'il y ait une peste grave !

Mets une distinction entre le cheptel du Canada et le cheptel du pays de la servitude et qu'il ne périsse rien de tout ce qui appartient aux canadiens !

Qu'il y ait une poussière sur tout le pays de la servitude, et qu'elle produise, dans tout le pays de la servitude, sur les hommes et sur les bêtes, des ulcères avec éruptions de pustules !

Dieu Tout-Puissant, envoies toutes tes plaies contre la personne du roi de la maison de la servitude, contre ses serviteurs et contre son peuple, afin qu'il reconnaisse que nul n'est semblable à toi sur toute la terre !

Fais voir ta force au roi de la maison de la servitude et qu'on publie ton nom par toute la terre !

Fais pleuvoir une grêle si violente qu'il n'y en a pas eu de semblable dans le pays de la servitude depuis le jour de sa fondation jusqu'à maintenant !

Qu'il tombe de la grêle dans tout le pays de la servitude sur les hommes, sur les bêtes et sur toute l'herbe des champs dans le pays de la servitude !

Envoies le tonnerre et la grêle, et que le feu descende sur la terre sur tout le pays de la servitude !

Que la grêle frappe dans tout le pays de la servitude tout ce qui est dans la campagne, depuis les hommes jusqu'aux bêtes ; que la grêle frappe toute l'herbe des champs et brise tous les arbres des champs !

Mais qu'il n'y ait pas de grêle là où sont les canadiens !

Dieu Tout-Puissant, viens faire éclater tes signes au milieu du pays de la servitude ; Afin que je raconte à mes fils et aux fils de mes fils comment tu as traités le peuple du pays de la servitude, et quels signes tu as fait paraître chez eux.

Et nous reconnaîtrons que tu es l'Éternel.

Prières pour gouverner au Canada - vol2

Fais venir les sauterelles sur le territoire du roi du pays de la servitude !

Qu'elles couvrent la surface de la terre, et que l'on ne puisse plus voir la terre ; qu'elles dévorent le reste de ce qui subsiste, ce qui leur a laissé la grêle ; qu'elles dévorent tous les arbres qui poussent pour eux dans la campagne ; qu'elles remplissent ses maisons, les maisons de tous ses serviteurs et les maisons de tout le peuple du pays de la servitude !

Que les sauterelles viennent sur le pays de la servitude, qu'elles montent sur le pays de la servitude, qu'elles dévorent toute l'herbe de la terre !

Que les sauterelles montent sur tout le pays de la servitude et se posent sur tout le territoire du pays de la servitude !

Qu'elles couvrent la surface de toute la terre , et que la terre en soit obscurcie ; qu'elles dévorent toute l'herbe de la terre et tout le fruit des arbres ; et qu'il ne reste aucune verdure aux arbres ni à l'herbe des champs, dans tout le pays de la servitude !

Qu'il y ait des ténèbres sur le pays de la servitude, des ténèbres palpables !

Qu'il y ait d'épaisses ténèbres dans tout le pays de la servitude ; qu'on ne se voit pas les uns les autres dans le pays du roi de la servitude, et que personne ne se lève de sa place ! Mais que tous les canadiens aient de la lumière !

Fasse que le peuple canadien obtienne la faveur du peuple du pays de la servitude au point que je sois très respecté dans le pays de la servitude par les serviteurs et le peuple du roi du pays de la servitude !

Vers le milieu de la nuit, avances-toi, Éternel, dans l'intérieur du pays de la servitude et que tous les premiers-né meurent, depuis le premier né du roi du pays de la servitude assis sur son trône jusqu'au premier-né de la servante qui travaille aux meules, et tous les premiers-nés du bétail !

Qu'il y ait de grands cris dans tout le pays de la servitude !

Prières pour gouverner au Canada - vol2

Mais chez les canadiens, que pas même un chien n'aboie ni contre un homme, ni contre une bête afin que l'on reconnaisse, ô Dieu la différence que tu fais entre la maison de la servitude et le Canada !

Ô Dieu, que le peuple canadien obtienne la faveur du pays de la servitude !

Que le peuple canadien se souvienne de ce jour où ils sont sortis du pays de la servitude ; car c'est par la puissance de ta main qu'ils sont sortis !

Que ta colonne de nué ne se retire pas de devant le peuple canadien pendant le jour, ni ta colonne de feu pendant la nuit !

Lorsqu'on annoncera au roi du pays de la servitude que le peuple canadien n'est plus à son service, et que les sentiments du roi du pays de la servitude et de ses serviteurs seront changés, et que le roi du pays de la servitude va atteler son char et prendre son peuple avec lui ;

Lorsque, Éternel, tu auras endurci son cœur et qu'il poursuivra les canadiens ;

Lorsqu'il atteindra les canadiens ;

Que le peuple canadien soit sans crainte et qu'il voit comment tu les sauves de la main du roi du pays de la servitude et de son peuple qu'ils ne verront plus jamais !

Que le peuple canadien voit par quelle main puissante tu agis, Éternel, et qu'il croit en toi !

Toi qui conduis le peuple canadien par ta bienveillance, et qui le diriges par ta puissance vers ta demeure sainte ;

que les peuples le sachent et qu'ils tremblent !

que la terreur et la peur tombent sur les peuples et qu'ils deviennent muets comme des pierres jusqu'à ce que le peuple canadien soit implanté sur la montagne de ton héritage !

Prières pour gouverner au Canada - vol2

Lorsqu'il n'y aura pas de l'eau sur les terres des nations, que le canada ne manque pas de ton eau !

Lorsqu'il n'y aura pas de pain sur les terres des nations, que le Canada ne manque pas de ton pain !

Donnes du repos à ton peuple, le peuple Canadien !

Que l'on apprenne et que l'on sache que c'est toi qui est Dieu et qu'il n'y en a point d'autre !

Qu'on apprenne que tu nous as délivré de la main du pays de la servitude et de son roi !

Ô Dieu ! Sois avec moi et que je représente le peuple du Canada auprès de toi afin que je porte les affaires du peuple canadien devant toi, mon Dieu !

Ô Dieu ! Sois avec moi et que je représente le peuple du Canada auprès de toi afin de leur expliquer tes prescriptions et ton alliance ; afin de leur faire connaître le chemin qu'ils doivent suivre et l'œuvre qu'ils doivent faire !

Ô Dieu ! Sois avec moi et que je représente le peuple du Canada auprès de toi afin de discerner parmi le peuple du Canada des hommes de valeur qui craignent Dieu, des hommes attachés à la vérité et qui haïssent le gain malhonnête ; afin de les établir comme chef de mille, chef de cent, chef de cinquante et chef de dix pour qu'ils jugent le peuple en tout temps ; qu'ils portent devant moi toute affaire importante, et qu'ils jugent eux-même les affaires secondaires !

Ô Dieu ! Sois avec moi et que je représente le peuple du Canada auprès de toi afin que de par tes ordres le peuple du Canada parvienne en paix à destination !

Ô Éternel, portes le peuple du Canada sur des ailes d'aigles et fais-le venir vers toi !

Que le peuple du Canada t'appartienne en propre parmi tous les peuples, car

Prières pour gouverner au Canada - vol2

toute la terre est à toi !

Viens vers ton serviteur au plus épais de la nuée, afin que le peuple du Canada entende quand tu parleras, et qu'il ait aussi toujours confiance !

Donnes-moi de rapporter au peuple du Canada tes paroles !

Viens vers le peuple du Canada, sanctifies-le et qu'ils nettoient leurs vêtements !

Envoies ta terreur devant le peuple du Canada, mets en déroute tous les peuples chez lesquels il ira, et que s'enfuient devant lui tous ses ennemis !

Que le peuple du Canada ne soit pas retranché !

Que le peuple Canadien ne se lève pas et ne se fasse pas des dieux pour marcher devant eux !

Que le peuple du Canada n'offre pas de bon matin des holocaustes et ne présente pas des sacrifices de communion à des dieux !

Que le peuple du Canada ne s'assoit pas pour manger, boire et se divertir en présence des dieux !

Que le peuple du Canada ne se corrompt pas !

Que le peuple du Canada ne soit pas un peuple à la nuque raide !

Donnes-moi de ne pas charger le peuple du Canada de grands péchés !

Que le peuple du Canada ne soit pas dans le désordre et que je ne l'abandonne pas au désordre, afin qu'il soit presque réduit à rien devant ses ennemis !

Donnes-moi de conduire le peuple du Canada où tu m'as dit ; que ton ange marche devant moi !

Donnes moi de monter, moi et le peuple du Canada vers ce territoire où coule le lait et le miel !

Marches toi-même devant moi et donnes-moi du repos !

Prières pour gouverner au Canada - vol2

Marches au milieu de nous, pardonnes nos fautes et prends-nous pour ton héritage !

Conclus une alliance avec le peuple du Canada ; fais en présence de tout le peuple du Canada des miracles tels qu'ils n'y en a jamais eu sur toute la terre et dans toutes les nations !

Que tout le peuple du Canada au sein duquel je me trouve voit ton œuvre, cette œuvre redoutable que tu accompliras avec ton serviteur que je suis !

Donnes-moi de prendre garde à ce que tu m'ordonnes !

Donnes-moi de ne pas conclure une alliance avec les habitants du pays où je dois entrer, de peur qu'ils ne devienne un piège au milieu de moi !

Donnes-moi de renverser leurs autels !

Donnes-moi de briser leurs stèles !

Donnes-moi de couper leurs poteaux !

Donnes-moi de ne pas me prosterner devant un autre dieu !

Donnes-moi de ne pas conclure d'alliance avec les habitants du pays, de peur que, me prostituant à leurs dieux et leur offrant des sacrifices, ils ne m'invitent, et que je n'en mange !

Donnes-moi de ne pas conclure d'alliance avec les habitants du pays, de peur que je ne prenne de leurs filles pour mes fils et que celles-ci, se prostituant à leurs dieux, n'entraînent mes fils à leurs dieux !

Donnes-moi de ne pas me faire de dieux en métal fondu !

Donnes-moi d'observer la fête des pains sans levain, au temps fixé dans le mois des épis, car c'est dans le mois des épis que je suis sorti du pays de la servitude !

Que tout aîné t'appartienne, de même que tout mâle, né le premier dans mon cheptel, veau ainsi qu'agneau !

Prières pour gouverner au Canada - vol2

Avec la vie de l'agneau, rachètes l'ânon né le premier !

Avec la vie de l'agneau, rachète tout premier né de mes fils !

Donnes-nous de ne jamais nous présenter les mains vides devant toi, mais que nous te ramenions toujours des âmes parmi ton peuple, le Canada que tu m'as donné !

Donnes-moi de respecter le sabbat le septième jour, même au temps des labours et de la moisson !

Donnes-moi de célébrer la fête des semaines, des prémices de la moisson du froment, ainsi que la fête des récoltes, à la fin de l'année !

Donnes à tous les hommes du Canada de se présenter devant toi, trois fois par an !

Tu déposséderas les nations devant moi et tu élargiras mes frontières ;

personnes ne convoiteras mon pays, pendant que je monterai pour me présenter devant toi !

Conclus ton alliance avec moi et tout le Canada conformément à ces paroles !

Que le peuple du Canada soit béni ;

Que le peuple du Canada pousse des cris de joie et se jette face contre terre, au vu du feu de ta présence.

Prières pour gouverner au Canada - vol2

Donnes-moi du repos

Ô mon Dieu, donnes-moi de ne pas perdre courage !
Qu'aucun peuple ne soit plus grand et de haute taille que moi à mes yeux !
Que les villes ne soient pas grandes et fortifiées jusqu'au ciel à mes yeux !
Donnes-moi d'être bien sur mes gardes !

Donnes-moi tes ordres, rends-moi fort et soutiens-moi ; afin que je passe devant le peuple du Canada et que je le fasse hériter du pays !

Fasses que ma sagesse et mon intelligence soit d'observer et de mettre en pratique ton commandement !

Donnes-moi de me souvenir du jour où tu as dis : je veux leur faire entendre mes paroles afin qu'ils apprennent à me craindre tout le temps qu'ils vivront sur la terre, et afin qu'ils les enseignent à leurs fils !

Quand je lèverai les yeux vers le ciel et voyant le soleil, la lune et les étoiles, toutes l'armée des cieux, que je ne sois pas entraîné à me prosterner devant eux et à leurs rendre un culte !

Ne nous dissémines pas parmi les peuples et qu'on ne reste pas qu'un petit nombre au milieu des nations !

Donnes-moi de ne pas me faire des représentations quelconque de ce qui est en haut dans les cieux, de ce qui est en bas sur la terre, de ce qui est dans les eaux plus bas que terre ;

donnes-moi de ne pas me prosterner devant elles et de ne pas leurs rendre de culte ;

Toi qui uses de bienveillance jusqu'à mille génération envers ceux qui t'aiment et qui gardent tes commandements !

Prières pour gouverner au Canada - vol2

Donnes-moi de ne pas me rallier à d'autres dieux d'entre les dieux des peuples qui sont autour de moi !

Donnes-moi de ne pas contracter de mariage avec ces peuples, de ne pas donner ma fille à leur fils et de ne pas prendre leur fille pour mon fils !

Fais de moi un peuple saint pour son Dieu, parmi tous les peuples qui sont sur la surface de la terre !

Que ce ne soit point parce que je surpasse en nombre tous les peuples que tu t'attacheras à moi et que tu me choisiras !

Que je sois béni plus que tous les peuples de sorte qu'il n'y aura chez moi ni homme ni femme stérile, ni bête stérile parmi mon troupeaux !

Écartes de moi toute maladie, ne m'infliges pas ces mauvaises épidémies du pays de la servitude qui me sont connues !

Que je prenne moi et le Canada possession de nations plus grandes et plus puissantes que moi !

Que ce ne soit pas à cause de ma justice que tu me donnes ce bon pays pour que j'en prenne possession !

Ne détruis pas et n'effaces pas le nom du peuple du Canada de dessous les cieux ; mais fais de lui une nation plus puissante et plus nombreuse que les peuples de toute la terre !

Que le peuple du pays de la servitude ne dise pas : c'est parce que Dieu n'avait pas le pouvoir de les faire entrer et les maintenir dans le territoire qu'il avait promis qu'il les a fait sortir pour les faire mourir !

Nous sommes ton peuple, le Canada et moi !

Nous sommes ton héritage, le peuple canadien et moi !

Prières pour gouverner au Canada - vol2

Fais-moi marcher à la tête du peuple canadien et qu'il prenne possession de son héritage que tu as juré à ses pères de lui donner ;

Toi qui t'es attaché à nos pères seulement pour les aimer, et après eux nous que tu as choisi d'entre tous les peuples !

Que le Canada soit un peuple saint parmi tous les peuples qui sont sur la surface du sol !

Que le Canada soit un peuple qui t'appartienne en propre parmi tous les peuples qui sont sur la surface du sol !

Donnes-moi d'établir des juges et des magistrats dans toutes les villes que mon Dieu tu me donneras ; et qu'ils jugent le peuple canadien avec justice !

Que je n'ai pas un grand nombre de chevaux et que je ne fasse pas retourner le peuple canadien dans la servitude et au pays de la servitude pour avoir beaucoup de chevaux ; car tu as dis : vous ne retournerez plus par ce chemin là !

Lorsque je sortirai pour combattre mes ennemis et que je verrai des chevaux, des chars et un peuple plus nombreux que moi, que je ne les craigne pas ; car mon Dieu tu es avec moi !

À l'approche du combat, toi le sacrificateur, parles au peuple canadien !

Dis à celui qui a bâti une maison neuve et ne l'a pas encore habité de s'en aller et de retourner dans sa maison de peur qu'il ne meure au combat et qu'un autre ne l'inaugure !

Dis à celui qui a planté une vigne et n'en a pas encore profité de s'en aller et de retourner dans sa maison de peur qu'il ne meure au combat et qu'un autre n'en profite !

Dis à celui qui s'est fiancé avec une femme et ne l'a pas encore prise de s'en aller et de retourner dans sa maison de peur qu'il ne meure au combat et qu'un autre la

Prières pour gouverner au Canada - vol2

prenne !

Dis à celui qui a peur et qui manque de courage d'être fort afin d'encourager ses frères !

Parles leurs et places les chefs des troupes à la tête de ton peuple, le peuple canadien !

Quand une ville me répondra par la paix et m'ouvrira ses portes, que ma paix repose sur elle !

Quand une ville ne me répondra pas la paix et ne m'ouvrira pas ses portes, que je sorte de cette ville et que je secoue la poussière de mes pieds !

Donnes-moi de ne laisser vivre aucun démon, aucun esprit impur et aucun oiseau impur et détesté dans les villes de ces peuples que mon Dieu tu me donnes en héritage !

Fais l'expiation, ô mon Dieu, pour ton peuple, le peuple du Canada que tu vas libérer !

Penches-toi de ta demeure sainte, des cieux, et bénis ton peuple, le peuple du Canada, et le sol que tu nous as donné, comme tu l'as juré à nos pères, ce pays découlant de lait et de miel !

Que je t'appartienne en propre et donnes-moi la supériorité sur toutes les nations !

Donnes-moi la supériorité en gloire, en renom et en magnificence afin que je sois un peuple saint pour toi mon Dieu !

Que le peuple du Canada observe tous les commandements que tu ordonnes!

Donnes-moi, à moi, aux sacrificateurs, aux lévites qui vivent au milieu de ton peuple, le peuple du Canada, de lui parler !

Que les lévites parmi ton peuple, le peuple canadien disent au milieu du

Prières pour gouverner au Canada - vol2

Canada :

Béni soit celui qui ne méprise pas son père et sa mère !

Béni soit celui qui ne déplace pas la borne de son prochain !

Béni soit celui qui ne fais pas égarer un aveugle !

Béni soit celui qui ne porte pas atteinte au droit de l'immigrant, de l'orphelin et de la veuve !

Béni soit celui qui ne couche pas avec la femme de son père !

Béni soit celui qui ne couche pas avec une bête quelconque !

Béni soit celui qui ne couche pas avec sa sœur fille de son père ou de sa mère !

Béni soit celui qui ne couche pas avec sa belle-mère !

Béni soit celui qui ne frappe pas son prochain en secret !

Béni soit celui qui ne reçoit pas un présent pour répandre le sang de innocent !

Béni soit celui qui accomplit toutes les paroles du Dieu Tout-Puissant pour les mette en pratique !

Dieu Tout-Puissant, établis-moi pour être un peuple saint lorsque j'observerai tes commandements !

Dieu Tout-Puissant, établis-moi pour être un peuple saint lorsque je marcherai dans tes voies !

Que tous les peuples de la terre voient que ton nom, Dieu Tout-Puissant, est invoqué sur moi !

Éternel, mon Dieu, donnes-moi la supériorité sur toutes les nations de terre !

Que toutes tes bénédictions viennent sur moi et m'atteignent !

Que je sois béni dans la ville, et dans la campagne !

Que le fruit de mes entrailles, le fruit de mon sol, le fruit de mes troupeaux, la reproduction de mes bovins et les portées de mes brebis soient bénis !

Prières pour gouverner au Canada - vol2

Que ma corbeille et ma huche soient bénies

Que je sois béni à mon arrivé et que je sois béni à mon départ

Que l'Éternel mette en déroute devant moi mes ennemis qui se dresseront contre moi ;

qu'ils sortent contre moi par un seul chemin et qu'ils s'enfuient devant moi par sept chemins !

Que l'Éternel ordonne à la bénédiction d'être avec moi dans mes greniers et dans toutes mes entreprises .

Qu'il me bénisse dans le pays que l'Éternel, mon Dieu, me donne !

Que l'Éternel m'établisse pour être son peuple saint, comme il me l'a juré, lorsque j'observerai les ordonnances de l'Éternel, mon Dieu, et que je marcherai dans ses voies !

Que tous les peuples de la terre voient que le nom de l'Éternel est invoqué sur moi, et qu'ils me craignent !

Que l'Éternel me comble de biens, en multipliant le fruit de mes entrailles, le fruit de mes troupeaux et le fruit de mon sol, dans le territoire que l'Éternel à juré à mes pères de me donner !

Que l'Éternel m'ouvre son bon trésor, le ciel, pour envoyer à mon pays la pluie en son temps et pour bénir tout le travail de mes mains ;

que je prête à beaucoup de nations et que je n'emprunte pas !

Que l'Éternel fasse de moi la tête et non la queue, que je sois toujours en haut et je ne sois jamais en bas !

Lorsque que j'obéirai aux commandements de l'Éternel, mon Dieu, qui m'ont été prescrits, lorsque je les observerai et les mettrai en pratique, et que je ne m'écarterai ni à droite ni à gauche de tous les commandements que tu nous donnes,

Prières pour gouverner au Canada - vol2

pour me rallier à d'autres dieux et pour leur rendre un culte.

Je ne serai pas maudit dans la ville et dans la campagne !

Ma corbeille et ma huche ne seront pas maudites !

Le fruit de mes entrailles, le fruit de mon sol, la reproduction de mes bovins et les portées de mon petit bétail ne seront pas maudits !

Je ne serai pas maudit à mon arrivé et à mon départ !

L'Éternel, mon Dieu, n'enverra pas contre moi la malédiction, le trouble et la menace, dans toutes mes entreprises,

Je ne serai pas détruit, je ne périrai pas promptement, mes agissements ne seront pas méchants et je n'abandonnerai pas mon Dieu !

La peste ne s'attachera pas à moi, elle ne m'exterminera pas du pays dans lequel je vais entrer pour en prendre possession !

L'Éternel, mon Dieu, ne me frappera pas de dépérissement, de fièvre, d'inflammation, de brûlure, de sécheresse, de rouille et de nielle, ces choses ne me poursuivront pas, elles ne m'atteindront pas !

Le ciel sur ma tête ne sera pas de bronze et la terre sous moi ne sera pas de fer !

L'Éternel, mon Dieu, n'enverra pas pour pluie à mon pays de la poussière et de la poudre ;

il n'en descendra pas du ciel sur moi , je ne serai pas détruit !

L'Éternel, mon Dieu, ne me mettra pas en déroute devant mes ennemis ;

je ne sortirai pas contre eux par un seul chemin, je ne fuirai pas par sept chemins ;

et je ne serai pas un objet de terreur pour tous les royaumes de la terre !

Mon cadavre ne sera pas la pâture de tous les oiseaux du ciel et des bêtes de la

Prières pour gouverner au Canada - vol2

terre ;

il y aura quelqu'un pour les troubler !

L'Éternel, mon Dieu, ne me frappera pas d'ulcère de la maison de la servitude, d'hémorroïdes, de gales et de démangeaisons ;

il y aura la guérison !

L'Éternel, mon Dieu, ne me frappera pas de délire, d'aveuglement, de déraison, je ne tâtonnerai pas en plein midi comme l'aveugle tâtonne dans l'obscurité, je ne serai pas tous les jours opprimé, dépouillé,

il y aura quelqu'un pour me venir en aide !

Un autre homme ne violera pas la fiancé que j'aurai ;

je ne serai pas privé d'habiter la maison que je bâtirai ;

je ne serai pas privé de jouir de la vigne que je planterai !

Mon bœuf ne sera pas égorgé sous mes yeux,

je ne serai pas privé d'en manger ;

mon âne ne sera pas dérobé devant moi,

et personne ne m'en privera ;

mon menu bétail ne sera pas donné à mes ennemis,

il y aura quelqu'un pour venir à mon secours !

Mes fils et filles ne seront pas livrés à un autre peuple,

mes yeux ne le verront pas et ne languiront pas tous les jours après eux !

Un peuple que je n'aurai point connu ne mangera pas le fruit de mon sol et tout le produit de mon travail,

et je ne serai pas tous les jours opprimé et écrasé !

Je ne serai pas jeté dans le délire !

L'Éternel, mon Dieu, ne me frappera pas aux genoux et aux jambes d'un ulcère

Prières pour gouverner au Canada - vol2

malin,

il y aura la guérison !

il ne me frappera pas depuis la plante du pied jusqu'au sommet de la tête !

L'Éternel, mon Dieu, ne me fera pas marcher, moi et le roi que j'aurai mis sur moi, vers un nation que je n'aurai pas connue, ni moi ni mes pères.
Et là je ne rendrai pas un culte à d'autres dieux, du bois et de la pierre !

Et je ne deviendrai pas l'étonnement, la fable et l'opprobre de tous les peuples !

Je ne ferai pas une faible récolte avec beaucoup de semence que je transporterai sur mon champ !

Les vers ne mangeront pas la vigne que je planterai !

Mes oliviers que j'aurai dans tout le pays ne tomberont pas !

Mes fils et mes filles que j'aurai n'iront pas en captivité !

L'Éternel, mon Dieu, ne me dispersera pas parmi les peuples, d'un bout à l'autre de la terre ; et là, je rendrai pas un culte à d'autres dieux que n'ont pas connus ni moi, ni mes pères : du bois et de la pierre !

Il m'établira comme il me l'a dit !

Il aura compassion de moi !

Il me fortifiera et je prendrai courage afin de faire entrer son peuple dans le pays qu'il a promis de leur assurer l'héritage.

Prières pour gouverner au Canada - vol2

Que le peuple canadien, les hommes, les femmes, les enfants et l'immigrant qui réside avec moi soient rassemblés afin d'entendre ta parole, d'observer et mettre en pratique toutes tes paroles !

Que le peuple canadien ne se lève pas et ne se prostitue pas avec des dieux étrangers !

Fais entrer le peuple canadien dans le territoire que tu as promis de lui donner, et qui découle de lait et de miel ;

qu'il mange, se rassasie et s'engraisse ; puis retourne à toi et non à d'autres dieux pour leur rendre des cultes ;

qu'il ne t'outrage pas et qu'il maintienne ton alliance !

Pardonnes Seigneur mon Dieu les dispositions du Canada qui déjà se manifestent aujourd'hui, avant même que tu l'aies fait entrer dans le pays que tu as promis lui donner !

Pardonnes Seigneur mon Dieu car tu es son père et son créateur ;

car tu as fait et tu as affermi le Canada !

Aimes ton peuple, le peuple du Canada !

Sois roi au Canada, quand s'assembleront les chefs du peuple canadien !

Ramènes-moi vers mon peuple, le peuple canadien, Éternel !

Que mes mains soient puissantes !

Sois moi en aide contre mes adversaires !

Que l'adversaire soit frappé avec mes cornes qui sont les cornes de buffles !

Que les peuples soient appelés sur la montagne du Canada ; et là qu'ils offrent des sacrifices de justice, car je sucerai l'abondance de la mer, et les trésors cachés dans le sable !

Je marcherai en tête du peuple canadien, j'exécuterai la justice du Tout-

Prières pour gouverner au Canada - vol2

Puissant, et ses ordonnances à son peuple, le peuple du Canada !

Que je suis heureux !

Qui est comme moi un homme sauvé par l'Éternel, le bouclier de mon secours et l'épée de sa gloire !

Que mes ennemis fassent défaut devant moi, et que je foule les lieux élevés.

Prières pour gouverner au Canada - vol2

Donnes-moi de faire entrer le peuple

Ô mon Dieu, fortifies-moi, fais-moi prendre courage afin que je mette le peuple du Canada en possession du pays que tu as promis à leurs pères de leur donner !

À la vue de ta présence, mon Dieu, que le peuple canadien se mette en marche !

Que les sacrificateurs passent et marchent devant le peuple du Canada !

Que le peuple canadien serve l'Éternel tout le long de ma vie et tout le temps des anciens qui vont survivre après moi jusqu'à plusieurs générations !

Que le peuple canadien n'abandonne pas l'Éternel pour aller vers d'autres dieux d'entre les dieux des peuples qui les entourent ; qu'ils ne se prosternent pas devant eux et n'irritent pas l'Éternel !

Que le peuple canadien ne soit pas un peuple qui lapera l'eau avec la langue comme le chien !

Que le peuple canadien offre des holocaustes et des sacrifices d'actions de grâces !

Que le peuple canadien aille à ta demeure et que tu sois son Dieu !

Que le peuple canadien soit un peuple vertueux !

Que le peuple canadien soit un peuple racheté par toi, Éternel !

Que les sacrificateurs au Canada ne fassent pas de mauvaises actions et ne fassent pas pécher le peuple canadien !

Que les sacrificateurs au Canada ne foulent pas au pieds tes sacrifices et tes offrandes, que tu as ordonné de faire dans ta demeure ;

et que les sacrificateurs au Canada n'honorent pas leurs fils plus que toi, Éternel Dieu Tout-Puissant !

Prières pour gouverner au Canada - vol2

Que le peuple canadien ne soit pas dans la désolation, frappé de grandes plaies !

Que le peuple canadien ne refuse pas d'écouter ta voix Éternel, Dieu Tout-Puissant !

Que le peuple canadien soit parmi tes prophètes !

Lorsque le peuple canadien va pleurer, lèves-toi pour le consoler !

Pénètres dans le camp de son ennemi et délivres-le !

Sois établi roi du Canada, Dieu Tout-Puissant !

Donnes à ton peuple, le peuple canadien, un cœur qui ne se détourne pas du Tout-Puissant, et qui sert le Tout-puissant !

N'abandonnes pas ton peuple, le peuple du Canada !

Quand l'ennemi viendra combattre ton peuple, le peuple canadien, et sera innombrable comme le sable qui est au bord de la mer, qu'aucun canadien ne vienne à trembler !

Que le peuple canadien ne se disperse pas loin de toi !

Fais durer ton règne sur le Canada, Tout-Puissant !

Que l'effroi se répande au camp, dans la contré et parmi tous les peuples ennemis du Canada !

Que la peur se saisisse de ceux qui ravageait le pays !

Que leur pays soit dans l'épouvante !

Et que la terreur soit comme une terreur de Dieu sur toutes ses nations qui se lèveront contre ton peuple, le peuple canadien, Tout-Puissant !

Que ton peuple, le peuple canadien, mange pendant que tu es encore avec lui, tous les jours de sa vie dans son territoire et que personne ne vienne l'en empêcher !

Qu'il mange du miel et que ses yeux soit éclairé comme toi Tout-Puissant !

Prières pour gouverner au Canada - vol2

Mais la soumission à ton esprit vaut mieux que les sacrifices !

Donnes-moi un cœur soumis à ta parole !

Oins-moi !

Envoies-moi et que j'ai du succès !

Mets-moi à la tête de tes gens de guerre !

Fais-moi rentrer et sortir à la tête de ton peuple, le peuple canadien !

Que je ne sois pas assiégé !

Donnes-moi de toujours aller de nuit vers le peuple !

Que je ne me couche pas au milieu de mon camp, et que ma lance ne soit jamais fixé en terre !

Que je sois toujours gardé par toi !

Que je sois ton serviteur !

Que je ne sois jamais dans l'angoisse et que le peuple canadien n'ait jamais de l'amertume dans l'âme !

Protèges-moi, Seigneur !

Que ton peuple, le peuple du Canada, ne fuit pas le combat !

Que ton peuple, le peuple du Canada, ne tombe pas au combat !

Établis-moi maintenant, et sauves ton peuple, le peuple du Canada, par mon intermédiaire, par la main de ton serviteur !

Que les vaillants hommes de ton peuple, le peuple du Canada, ne tombent pas par ma main !

Donnes-moi de paître ton peuple, le Canada, et que je sois chef du Canada !

Donnes-moi de reconnaître que tu m'affermis comme roi et que mon règne prospère à cause de ton peuple, le peuple du Canada !

Fais moi monter, moi et tout le peuple du Canada qui est avec moi dans ta

Prières pour gouverner au Canada - vol2

présence !

Donnes-nous de t'offrir des holocaustes et des sacrifices d'actions de grâce !

Fais de moi chef de ton peuple, le peuple du Canada et donnes à ton peuple, le peuple du Canada, une demeure ;
que le Canada ne soit plus agité, que le Canada ne soit plus humilié !

Comme au temps d'autrefois, accordes-moi du repos en me délivrant de tous mes ennemis !

Qu'il n'y ait pas une seule nation sur la terre qui soit comme ton peuple, comme le Canada, que tu viens racheter pour en former ton peuple, pour lui faire un nom et pour accomplir en sa faveur, en faveur de ton pays, le Canada, des miracles et des prodiges, en chassant devant ton peuple, que tu rachètes de la maison de la servitude, des nations et leurs dieux !

Affermis ton peuple, le Canada, pour qu'il soit ton peuple à toujours ; et toi, deviens son Dieu !

Fais moi régner sur ton peuple, le peuple du Canada, et que je fasse droit et justice à tout ton peuple, le peuple du Canada !

Fasses que ton serviteur soit ferme, et qu'il montre du courage pour son peuple, le peuple du Canada et pour les villes de son Dieu !

Lorsque je rassemblerai le peuple canadien pour camper contre une ville, que ce soit toi, Éternel, mon Dieu qui prenne la ville et non nous, moi et ton peuple, le peuple du Canada !

Donnes-moi de rassembler le peuple canadien et de me rendre maître de villes fortifiées et de nations prospères !

Que ton peuple, le peuple du Canada, ne tourne jamais pour aller auprès de mon fils ou du fils de mon fils !

Prières pour gouverner au Canada - vol2

Donnes à ton peuple un cœur fidèle à son roi et au roi de son roi !

Que des pierres ne soient pas jetées à ton serviteur et aux serviteurs de ton serviteur !

Ne donnes pas la ville à mon fils ni aux fils de mon fils !

Ramènes à ton serviteur ton peuple que tu t'es choisi, pour être ton héritage !

Que je ne souffre pas de la faim, de l'épuisement et de la soif, dans le désert, moi et ton peuple qui est avec moi, le peuple du Canada !

Sois à la tête de mon peuple, le peuple que tu t'es choisi ; et que ton serviteur soit comme dix mille canadiens !

Que mes serviteurs l'emportent toujours sur nos ennemis !

Qu'aucune des victoires que tu nous donneras, moi et ton peuple, le peuple du Canada, ne soit changée en deuil !

Que tout le peuple du Canada dise : le Roi des rois nous a délivré de la main de nos ennemis, c'est lui qui nous a sauvé de la main de nos adversaires !

Ô Dieu, c'est toi qui sauves le peuple qui s'humilie et tu abaisses les cœurs orgueilleux !

Tu délivres des dissensions du peuple ; tu conserves pour chef des nations celui qui craint ton nom ; tu lui asservis un peuple, le peuple du Canada qu'il ne connaissait pas !

Ô Dieu, c'est toi le vengeur de celui qui craint ton nom, tu lui assujetti les peuples !

Tu te lèves et tu frappes l'ennemi !

Tu te lèves et tu opères une grande délivrance !

Ton peuple ne se lève que pour prendre les dépouilles du camp adverse !

Ô Dieu, rends le peuple canadien cent fois plus nombreux, et que les yeux de

Prières pour gouverner au Canada - vol2

ton serviteur le voit !

Que ton serviteur ne commette aucune iniquité à tes yeux !

Mais qu'il soit sanctifié par ta présence !

Ô mon Roi, n'envoies pas la peste au Canada !

N'étends pas la main sur ton peuple, le peuple du Canada, pour le détruire !

Ne frappes pas le peuple du Canada que tu t'es choisi !

Mais que ton peuple que tu t'es choisi soit un peuple immense qui ne peut ni être compté ni être nombré à cause de sa multitude !

Accordes à ton serviteur un cœur attentif pour juger ton peuple, pour discerner le bien du mal ! Car qui pourrait juger ton peuple, ce peuple si nombreux ?

Qu'il vienne des gens de tous les peuples de la terre pour entendre la sagesse que tu accordes à ton serviteur !

Que toute personne qui entendra les paroles que tu mets dans la bouche de ton serviteur éprouve un joie immense !

Donnes à ton serviteur d'être sage !

Viens habiter au milieu de ton peuple, le peuple du Canada !

Daignes exaucer les supplications de ton serviteur !

Enseignes la bonne voie à ton serviteur et à son peuple, le peuple du Canada ; exauces-le de ta demeure, des cieux !

Ramènes-nous dans le pays que tu nous as donné à nous et nos pères !

Fais venir la pluie sur la terre que tu nous as donné en héritage !

Exauces du lieu de ta demeure, et accordes à l'étranger qui viendra d'un pays lointain tout ce qu'il te demandera, afin que tous sachent que ton nom est invoqué sur le Canada et la maison que tu me donnes de bâtir en ton nom !

Excites la compassion de ceux qui retiennent captif ton peuple, le peuple du

Prières pour gouverner au Canada - vol2

Canada !

Que tes yeux soient ouvert sur ce pays, le pays du Canada, et sur ton peuple que tu t'es choisi !

C'est toi qui donnes du repos à ton peuple, le peuple canadien, selon toutes tes promesses !

Que mes supplications devant toi, Éternel, soient jour et nuit présentes à toi, notre Dieu, et fais en tout temps droit à ton serviteur et à ton peuple, le peuple du Canada !

Donnes à ton serviteur de rendre service au peuple du Canada !

Donnes à ton serviteur de répondre à ton peuple, le peuple du Canada, par des paroles bienveillantes !

Donnes à ton serviteur d'alléger le joug de ton peuple, le peuple du Canada !

Donnes à ton serviteur de ne pas délaisser tes conseils pour écouter celui des hommes en qui il n'y qu'un souffle !

Donnes à ton serviteur d'avoir une oreille attentive à la voix du peuple du Canada !

Que ton serviteur ne fasse pas une maison de hauts lieux parmi ton peuple, le peuple du Canada !

C'est toi qui élèves de la poussière et qui établis un homme pour chef de ton peuple ;

Fais-moi marcher dans toutes tes voies !

Que tout ce que ton serviteur annoncera, arrive, s'accomplisse !

Que des rois de peuples nombreux soient oints de par la main de ton serviteur, et que ces rois servent à ta gloire, ô mon Dieu et mon Roi !

Que l'on sonne des trompettes et que le peuple de tout le pays soit dans la joie,

Prières pour gouverner au Canada - vol2

et qu'une alliance soit traité entre toi, Éternel, et les rois de peuples nombreux !

Que le peuple canadien se réjouisse et que le pays soit tranquille !

Viens faire disparaître les hauts lieux du pays du Canada !

Écartes aussi de ton serviteur toute lèpre maintenant jusqu'à sa mort !

Donnes à ton serviteur de craindre ton nom, Éternel, Dieu des armées !

Entends mes prières, vois mes larmes !

Guéris-moi, ô mon sauveur !

Guéris-moi de toute conspiration d'hommes !

Guéris-moi de toute infidélité envers toi !

Traites une alliance avec moi !

Traites une alliance avec ton peuple, le peuple canadien !

Que toute idolâtrie sorte de ma maison et ton peuple, le peuple du Canada !

Emmènes en captivité la ville, tous les chefs et tous les hommes vaillants, avec les charpentiers et les serruriers qui se révolteront contre toi, Éternel mon Dieu et Roi !

Places ton peuple, Seigneur des cieux et de toute la terre, le peuple canadien, ce peuple que tu t'es choisi !

Donnes-moi de faire paître ton peuple, le peuple du Canada !

Donnes-moi d'être son conducteur !

Donnes-moi de reconnaître que tu m'affermis comme chef sur ton peuple, et que mon règne prospère toujours plus, à cause de ton peuple, le peuple du Canada !

Que ton peuple, le peuple du Canada, soit un peuple béni !

Que tes hauts faits soient connus parmi les peuples, Éternel !

Qu'il soit raconté parmi les nations ta gloire !

Tous les dieux des peuples sont des idoles, mais toi tu as fait les cieux !

Prières pour gouverner au Canada - vol2

Que les familles des peuples te rendent la gloire et l'honneur !

Ô Dieu d'éternité tous les peuples te louent !

Ô Dieu d'éternité, donnes-moi une demeure, plantes-moi, que je sois fixé et que je ne sois plus agité !

Ô Dieu, humilies mon ennemi qui sort contre moi !

Donnes à ton serviteur de régner sur tout le Canada !

Donnes du repos à ton serviteur !

C'est de ta main que tout vient !

C'est toi qui sondes les cœurs !

Maintiens à toujours dans le cœur de ton serviteur ces dispositions et ces pensés, et affermis son cœur en toi !

Accordes-moi de la sagesse et de l'intelligence, afin que je sache me conduire à la tête du peuple canadien que tu t'es choisi !

Choisis ma ville, pour y faire résider ton nom et choisis moi pour régner sur ton peuple, le peuple canadien !

Enseignes ton peuple, le peuple canadien !

Chasses devant ton peuple, le peuple du Canada, les habitants du pays et donnes-lui le pays pour toujours !

Que tout ton peuple se réjouisse et que le pays soit tranquille !

Que tous les chefs et tout ton peuple se réjouissent !

Revêts moi de ton esprit et que j'annonce tes voies à tout ton peuple, le peuple du Canada !

Donnes-moi de conduire le peuple que t'es choisi !

Que je le conduise dans ta présence, Éternel, mon Dieu !

Donnes-moi de faire ce qui est droit à tes yeux !

Prières pour gouverner au Canada - vol2

Donnes-moi de faire entièrement comme ont fait mes pères qui t'ont servi avant moi !

Disposes bien le peuple afin que je me réjouisse avec ton peuple, le peuple du Canada !

Qu'un peuple nombreux se réunisse dans la ville pour célébrer ton nom !

Qu'une grande partie du peuple soit sanctifié et mange dans ta présence !

Exauces ton serviteur et pardonnes à ton peuple, ce peuple que tu t'es choisi, le peuple canadien !

Bénis ton peuple, le peuple du Canada !

Délivres-nous de la main de nos ennemis !

Que les cris de nos ennemis ne jettent pas l'effroi et l'épouvante parmi ton peuple, le peuple du Canada ;

Mais que les paroles du livre de ton alliance, lu au milieu de ton peuple, le peuple du Canada, lui donne de la crainte !

Que ton peuple, le peuple canadien, occupe sa place dans ta présence !

Que ton peuple, le peuple canadien, t'offre le sacrifice de son cœur !

Que l'on ne se moque pas de tes envoyés ;

Que l'on ne se méprise pas tes paroles ;

Que l'on ne raille pas tes prophètes ;

Et que ton peuple, le peuple du Canada, ne devienne pas sans remède.

Prières pour gouverner au Canada - vol2

Fais connaître au peuple canadien
qui tu es

Dieu des cieux, donnes à ton serviteur les royaumes de la terre, et que je te bâtisse une maison dans la ville !

Fais monter celui qui est de ton peuple et qu'il bâtisse ta maison !

Que ton peuple s'assemble comme un seul homme !

Qu'il chante, qu'il te célèbre et te loue, Éternel :

car tu es bon, car ta miséricorde pour ton peuple, le peuple du Canada, dure à toujours !

Que ton peuple, le peuple du Canada, pousse des cris de joie !

Que ton peuple, le peuple du Canada, ne soit pas décourager par les gens du pays !

Que ton peuple, le peuple du Canada, ne soit pas intimidé !

Ô Dieu, toi qui fais résider ton nom parmi ton peuple, le peuple du Canada , gardes cette maison !

Que tout l'argent et l'or qui sera trouvé dans la province de Babylone, et les dons volontaires faits par le peuple et les sacrificateurs soient consacrés pour bâtir ta maison !

Donnes à ton serviteur d'établir des juges et des magistrats qui rendent justice à tout le peuple, le peuple du Canada !

Donnes à ton serviteur de faire connaître au peuple ce qu'ils ne connaissent pas !

Ramènes le peuple canadien près de ton fleuve, le fleuve d'eau de vie et qu'il campe là !

Prières pour gouverner au Canada - vol2

Donnes à ton serviteur de diriger son attention sur le peuple du Canada et sur les sacrificateurs afin d'y trouver tes serviteurs !

Sépares ton peuple, le peuple canadien, ses sacrificateurs et ses lévites des peuples de ce pays !

Que ton peuple, le peuple canadien, ne soit pas souillé en imitant les impuretés des peuples du pays !

Que ton peuple, le peuple canadien, ne soit pas souillé en imitant les abominations des peuples du pays !

Que ton peuple, le peuple canadien, ne recommence pas à violer tes commandements !

Que ton peuple, le peuple canadien, ne s'allie pas à ces peuples abominables !

Ils sont tes serviteurs et ton peuple, que tu as racheté par ta grande puissance et par ta main forte !

Que ton peuple, le peuple canadien, passe la nuit dans la ville en faisant la garde et qu'il travaille le matin ;

Et qu'il n'y ait pas de plainte de la part des femmes canadiennes contre leurs frères canadiens !

Donnes à ton serviteur de ne point accabler ton peuple, le peuple canadien !

Souviens-toi favorablement de ton serviteur, ô mon Dieu !

Que les lévites, les portiers, les chantres, les gens du peuples et tout ton peuple, le peuple du Canada, s'établissent dans leurs villes !

Que tout ton peuple s'assemble et que le livre de ton alliance soit lu !

Que le livre de ton alliance soit lu depuis le matin jusqu'au milieu du jour !

Que ton peuple, le peuple canadien, ne soit pas dans la désolation !

Que ton peuple se livre à de grande réjouissance dans ta présence !

Prières pour gouverner au Canada - vol2

Que les chefs de famille de tout ton peuple, le peuple canadien, s'assemble autour de ton serviteur, pour entendre l'explication des paroles de ton alliance !

C'est toi qui accomplis des miracles et des prodiges contre le roi de la maison de la servitude, contre tous ces serviteurs et contre tout le peuple de son pays, parce que tu savais avec quelle méchanceté ils avaient traité nos pères !

C'est toi qui livras des royaumes et des peuples à nos pères pour leurs donner en partage des provinces frontalières,

et Ils ont pris possession du pays !

Les fils entrèrent et ils prirent possession du pays ; tu as humilié devant eux les habitants du pays, et tu les as livré entre leurs mains, avec leurs rois et les peuples du pays, pour qu'ils les traitent à leur gré !

C'est toi qui les supportas de nombreuses années et les exhortas par ton esprit, par l'intermédiaire de tes prophètes !

Ô Dieu grand, puissant et redoutable, toi qui gardes l'alliance et la bienveillance,

que la peine ne nous atteint pas nous, nos rois, nos ministres, nos sacrificateurs, nos prophètes, nos pères et tout ton peuple, le peuple canadien !

Tu es juste et tu te montres fidèle !

Que ton peuple, le peuple du Canada, tes sacrificateurs, tes lévites, tes portiers, tes chantres suivent ton alliance et qu'ils soient capables de connaissance et d'intelligence !

Fais-nous marcher dans ton alliance !

Et que nous ne donnions pas nos filles aux gens du pays ; et que nous ne prenions pas leurs filles pour nos fils ;

Prières pour gouverner au Canada - vol2

Aides-nous à consacrer le jour du repos et à faire relâche la septième année !

Donnes-nous d'apporter du bois dans ta maison !

Donnes aux chefs du peuple de s'établir dans ta ville, ô Grand roi !

Que les sacrificateurs et les lévites soient purifiés au milieu de ton peuple et qu'ils purifient le peuple et les portes du Canada !

Donnes au peuple du Canada de se réjouir !

Qu'il y ait en son sein un grand sujet de joie !

Que les femmes, les enfants se réjouissent, et que les cris de joie de mon pays soient entendus au loin !

Que mon peuple, le peuple du Canada, connaissent les langues !

Que la beauté de mon peuple, le peuple du Canada, soit montrée aux nations, aux peuples et aux langues ! Car elle est de belle figure.

Que personne ne détruise mon peuple, le peuple du Canada !

Que mon peuple, le peuple du Canada, soit à part, qu'il soit partout, qu'il soit infiltré parmi les peuples, dans toutes les provinces de ton royaume, la terre !

Que leurs lois les distinguent de tout peuple, et qu'ils n'exécutent point les lois d'un quelconque roi : qu'il vaille quelque chose pour toi de les laisser en repos !

Que personne ne fasse de mon peuple, le peuple du Canada, ce qu'il voudra !

Qu'aucun édit ne soit publié au Canada et dans toutes les nations en vue de sa destruction !

Ô Roi des rois, j'implore ta faveur en faveur de mon peuple, le peuple du Canada !

Accordes-moi la vie voilà ma demande,
et sauves mon peuple, ô Roi des roi, voici mon désir ! car nous sommes vendus, moi et mon peuple, le peuple du Canada, pour être détruits, égorgés, anéantis.

Prières pour gouverner au Canada - vol2

Que le malheur n'atteigne pas mon peuple, le peuple du Canada !

Ordonnes que mon peuple, le peuple du Canada, puisse se rassembler et défendre sa vie de tous ceux qui prendraient les armes pour l'attaquer !

Que mon peuple, le peuple du Canada, dans tes villes, dans toutes tes provinces, dans tous tes territoires, mette la main sur ceux qui cherchent leur perte, et que personne ne puisse leur résister ! Tu feras que la crainte qu'on aura de nous s'emparera de tous les peuples.

Que je sois le premier après toi, Roi des rois, considéré parmi les canadiens et aimé de la multitude de mes frères ;
et que je recherche le bien de mon peuple, le peuple du Canada, et que je parle pour l'avantage de toute la race Canadienne.

Prières pour gouverner au Canada - vol2

Juges les peuples
et donnes de la nourriture en abondance

Dieu des cieux, n'enlèves pas l'intelligence aux chefs de mon peuple, ne les fais pas errer dans les déserts sans chemin et tâtonner dans les ténèbres sans lumière !

Places moi pour dominer les peuples et que je ne devienne jamais celui à qui on crache au visage !

Donnes-moi de laisser enfants et petits-enfants parmi mon peuple, le peuple du Canada !

Donnes-moi de laisser des survivants dans les lieux où j'habite !

Que je ne meure pas en un instant !

Que mon peuple, le peuple du Canada, ne soit pas ébranlé et ne périsse pas, au milieu de la nuit !

Que le puissant de mon peuple, le Seigneur des rois de la terre ne soit jamais écarté !

Établis ton serviteur et qu'un homme impie ne domine plus, et qu'il ne soit plus un piège pour le peuple !

Donnes-moi de ne pas soupirer après la nuit qui enlève les peuples et les gens de leur place !

Par tes moyens, juges les peuples, et donnes la nourriture avec abondance !

Les rois de la terre se dressent et les princes se liguent ensemble contre l'Éternel et contre son messie !

Je ne crains pas les myriades de gens qui de toutes parts se sont mis contre moi !

A l'Éternel est le salut ! Que ta bénédiction soit sur ton peuple !

Prières pour gouverner au Canada - vol2

Que la communauté des peuples t'environne !

Reviens bien haut au-dessus d'elle !

L'Éternel juge les peuples : Établis mon droit, ô Éternel !

Selon ma justice et selon mon intégrité !

C'est lui qui gouverne le monde avec justice,

Qui juge les peuples avec droiture.

Psalmodiez en l'honneur de l'Éternel, qui réside sur sa montagne sainte, proclamez parmi les peuples ses hauts faits !

Répands sur eux ta crainte, ô Éternel !

Que les peuples sachent qu'ils ne sont que des hommes !

Tous ceux qui commettent l'injustice n'ont-ils pas de connaissance ?

Eux qui dévorent mon peuple comme on dévore du pain, ils n'invoquent pas l'Éternel.

Qui apportera depuis ta montagne sainte, le salut de ton peuple ?

Quand l'Éternel ramènera les captifs de son peuple, il sera allégé et se réjouira.

Car c'est toi qui sauves les gens malheureux et qui abaisses les regards hautains !

Tu me fais échapper aux disputes du peuple ; tu me mets à la tête des nations ; un peuple que je connais pas m'est asservi.

Le Dieu qui m'accorde la vengeance, qui m'assujettit des peuples !

Et moi, je suis un ver et non un homme, le déshonneur des humains et le méprisé du peuple.

On viendra annoncer sa justice au peuple qui naîtra, car l'Éternel a agi.

L'Éternel est une force pour eux, il est une forteresse pour le salut de son messie.

Prières pour gouverner au Canada - vol2

Sauves ton peuple et bénis ton héritage !

Sois leur berger et leur soutien pour toujours !

L'Éternel donnera la puissance à son peuple ;

L'Éternel bénira son peuple dans la paix.

L'Éternel renverse le conseil des nations, il anéantit les projets des peuples .

Heureuse la nation dont l'Éternel est le Dieu !

Heureux le peuple qu'il a choisi pour son héritage !

Je te célébrerai dans la grande assemblée, je te louerai au milieu d'un peuple nombreux.

De ta main tu as dépossédé des nations pour les établir, tu as frappé des peuples pour leur permettre de s'étendre.

Tu vends ton peuple pour rien, tu n'en n'augmente pas le prix.

Tu fais de nous la fable des nations, on hoche la tête sur nous parmi les peuples.

Tes flèches sont aiguës ; des peuples tombent sous toi ; elles pénétreront dans le cœur des ennemis du roi.

Je rappellerai le souvenir de ton nom de génération en génération, ainsi les peuples te célébreront éternellement et à perpétuité

Vous tous, peuple, battez les mains !

Acclamez Dieu par des cris de joie !

Ils nous soumet des peuples et des nations sous nos pieds.

Les princes des peuples se réunissent au peuple du Dieu du père d'une foule de nation ; car à Dieu sont les boucliers de la terre. Il est souverainement élevé.

Écoutez ceci, vous tous, peuples ; prêtez l'oreille, vous tous, habitants du monde, petits et grands, ensemble riches et pauvres !

Prières pour gouverner au Canada - vol2

Il crie vers les cieux en haut et vers la terre, pour juger son peuple : rassemblez-moi mes fidèles, qui concluent une alliance avec moi par le sacrifice !

Ceux qui commettent l'injustice n'ont-ils pas de connaissance ?

Eux qui dévorent mon peuple comme on dévore du pain ; ils n'invoquent pas Dieu.

C'est par fraude qu'ils échapperaient !

Dans ta colère , ô Dieu, précipites-les !

Je te célébrerai parmi les peuples, Seigneur !

Je psalmodierai en ton honneur parmi les nations.

Ne les tue pas, de peur que mon peuple ne l'oublie ; fais-les errer par ta puissance et précipites-les, Seigneur, notre bouclier !

Tu as fais voir de dures épreuves à ton peuple, tu nous a abreuvé d'un vin d'étourdissement.

Confiez-vous en lui en tout temps, peuple, épanchez vos cœur en sa présence ! Dieu est notre refuge.

Il apaise le mugissement des mers, le mugissement de leurs flots, et le tumulte des peuples.

Peuple, bénissez notre Dieu, faites entendre vos voix pour sa louange !

Les peuples te célèbrent, ô Dieu !

Tous les peuples te célèbrent.

Les foulent se réjouissent et triomphent ; car tu juges les peuples avec droiture, et tu conduis les foules sur la terre.

Dieu nous bénit, et toutes les extrémités de la terre le craignent.

Ton peuple habite là où tu établis le malheureux, dans ta bonté, ô Dieu.

Menaces l'animal des rochers, la troupe des taureaux avec les veaux des

Prières pour gouverner au Canada - vol2

peuples, qui se prosternent avec des pièces d'argent !

Disperse les peuples qui prennent plaisir à combattre !

De tes sanctuaires, ô Dieu ! Tu es redoutable. Tu donnes au peuple puissance et pouvoir. Béni soit Dieu !

Il jugera ton peuple avec justice et tes malheureux selon le droit.

Les montagnes porteront la paix pour le peuple, et les collines aussi par la justice.

Il fera droit aux malheureux du peuple, il sauvera les fils du pauvre et il écrasera l'oppresseur.

Souviens-toi de ton peuple, tu l'as acquis jadis, tu l'as racheté, il est la tribu de ton héritage !

Souviens-toi de ta montagne où tu faisais ta demeure !

C'est toi qui as écrasé les têtes du Léviathan.

Tu as donné pour nourriture à tout un peuple, aux habitants du désert.

Souviens-toi de ceci : l'ennemi déshonore l'Éternel, un peuple insensé outrage ton nom !

C'est toi le Dieu qui opère le miracle ; tu as parmi les peuples fait reconnaître ta puissance.

Par ton bras tu as racheté ton peuple.

Tu as conduis ton peuple comme un troupeau, par la main de ton serviteur.

Mon peuple, prête l'oreille aux paroles de ma bouche !

Voici qu'il a frappé le rocher, des eaux ont afflué, et des torrents se sont répandus.

Il fit partir son peuple comme le menu bétail, il les conduisit comme un troupeau dans le désert.

Prières pour gouverner au Canada - vol2

Il livra son peuple à l'épée et fut en courroux contre son héritage.

Il a pris celui qui est à son service derrière les brebis qui allaitent pour lui faire paître son peuple.

Et nous, ton peuple, troupeau de ton pâturage, nous te célébrerons éternellement ; de génération en génération nous redirons ta louange.

Il forment contre ton peuple des projets pleins de ruse et tiennent conseil contre ceux que tu protèges.

Tu as enlevé la faute de ton peuple, tu as pardonné tous ses péchés.

N'est-ce pas toi qui vas revenir nous faire vivre, afin que ton peuple se réjouisse en toi ?

Heureux peuple attentif au cri d'appel ;

Éternel ! Il marche à la lumière de ta face.

Alors tu parlas dans une vision à tes fidèles et tu dis : j'ai prêté mon secours à un héros, j'ai élevé du milieu du peuple un jeune homme.

Souviens-toi, Seigneur, du déshonneur de tes serviteurs, souviens-toi que je porte en mon sein tous les peuples nombreux.

Éternel, ils écrasent ton peuple, ils humilient ton héritage.

Car l'Éternel ne délaisse pas son peuple, il n'abandonne pas son héritage.

Car il est notre Dieu, et nous sommes le peuple de son pâturage, le troupeau que sa main a conduit.

Racontez parmi les nations sa gloire, parmi tous les peuples ses merveilles !

Car tous les autres dieux sont de faux dieux, mais l'Éternel a fait les cieux.

Familles des peuples, rendes à l'Éternel, rendez à l'Éternel gloire et puissance !

Dites parmi les nations : l'Éternel règne ; aussi le monde est ferme, il ne chancelle pas ; l'Éternel juge les peuples avec justice.

Prières pour gouverner au Canada - vol2

Il vient pour juger la terre ;

Il jugera le monde avec justice, et les peuples selon sa fidélité.

L'Éternel règne : les peuples tremblent ;

Il siège entre les chérubins : la terre chancelle.

L'Éternel est grand, c'est lui qui élève au-dessus de tous les peuples.

Reconnaissez que l'Éternel est Dieu ! C'est lui qui nous a fait, et nous sommes à lui : son peuple et le troupeaux de son pâturage.

Que cela soit écrit pour la génération future, le peuple qui sera crée louera l'Éternel.

Quand les peuples se réuniront ensemble et les royaumes pour rendre un culte à l'Éternel.

Célébrez l'Éternel, invoquez son nom ! Faites connaître parmi les peuples ses hauts faits !

Ils s'en allaient d'une nation à l'autre, d'un royaume vers un autre peuple ; mais il ne permit à aucun homme de les opprimer, il fit des reproches à des rois à leur sujet : Ne toucher pas à mes oints, et ne faites pas de mal à mes prophètes !

Il rendit son peuple très fécond et plus puissant que ses adversaires.

Il fit sortir son peuple avec de l'argent et de l'or, et nul ne chancela parmi ses tribus.

Il fit sortir son peuple dans l'allégresse, ses élus au milieu des acclamations.

Éternel, souviens-toi de moi dans ta faveur pour ton peuple !

Interviens pour moi par ton salut, afin que j'arrête ma vue sur le bonheur de tes élus, que je me réjouisse de la joie de ta nation et que je m'en félicite avec ton héritage.

Je te célébrerai parmi les peuples, Éternel !

Prières pour gouverner au Canada - vol2

Je psalmodierai en ton honneur parmi les nations.

Il a révélé à son peuple la puissance de ses œuvres, en lui livrant l'héritage des nations.

Il a envoyé la libération à son peuple, il a promulgué pour toujours son alliance : son nom est saint et redoutable.

J'accomplirai mes vœux envers l'Éternel, en présence de tout son peuple.

Louez l'Éternel, vous toutes les nations, glorifiez-le vous tous les peuples !

L'Éternel entoure son peuple dès maintenant et à toujours

Il jugera son peuple, et il aura pitié de ses serviteurs.

Mon bienfaiteur et ma forteresse, ma haute retraite et mon libérateur, mon bouclier auprès de qui je me réfugie, qui me soumet les peuples.

Louez l'Éternel depuis la terre,

montres marins,

et vous tous, abîmes,

feu et grêle,

neige et brouillard,

vent et tempête, exécuteur de sa parole,

montagnes et toutes les collines,

arbres fruitiers et tous les cèdres,

animaux et tout le bétail,

reptiles et oiseaux ailés,

rois de la terre et tous les peuples,

princes et tous les juges de la terre,

jeunes hommes et jeunes filles,

vieillards et enfants !

Prières pour gouverner au Canada - vol2

Car l'Éternel prends plaisir à son peuple, il donne aux humbles le salut pour parure.
Que les fidèles exultent dans ta gloire,
qu'ils lancent des acclamations même sur leurs fils !
Que les louanges de Dieu soient sur leurs bouches, et l'épée à deux tranchant dans leur main,
pour exercer la vengeance sur les nations, des châtiments parmi les peuples,
pour lier leurs rois avec des chaînes et leurs dignitaires avec des entraves,
pour exécuter contre eux le jugement qui est écrit !
Car un honneur éclate pour tous les fidèles.

Prières pour gouverner au Canada - vol2

Une révélation encore pour mon peuple

Dieu des cieux, fasses que je n'éprouve pas de malheurs au milieu du peuple et de l'assemblée !

Dieu des cieux, fasses que je sois prudent et que mes conseillers soient nombreux !

Dieu des cieux, fasses que je ne retienne pas le blé mais que je sois celui qui vende le blé !

Dieu des cieux, fasses que le peuple canadien, ton peuple, soit nombreux et qu'il ne diminue pas !

Dieu des cieux, fasses que la justice élève la nation canadienne, et que le péché ne soit pas nommé parmi la nation canadienne !

Dieu des cieux, fasses que je ne dise pas au méchant : tu es juste ! Et que ton peuple, le peuple du Canada me bénisse !

Dieu des cieux, fasses qu'il n'y ait pas de méchant pour dominer sur le pauvre de ton peuple, le peuple du Canada !

Dieu des cieux, fasses que les justes se multiplient parmi ton peuple, le peuple du Canada !

Dieu des cieux, fasses qu'il y ait de la révélation parmi ton peuple, le peuple du Canada, et que ce soit un peuple qui a un frein !

Dieu des cieux, fasses que ton peuple, le peuple du Canada, soit un peuple qui prépare sa nourriture en été !

Dieu des cieux, fasses que ton peuple, le peuple du Canada, soit un peuple qui s'établit dans les hauteurs !

Prières pour gouverner au Canada - vol2

Que le peuple canadien se souvienne de ton serviteur !

Outre la sagesse, donnes-moi d'enseigner la science à mon peuple, le peuple du Canada ;

donnes-moi d'examiner, sonder, et mettre en ordre un grand nombre de sentences parmi mon peuple, le peuple canadien !

Donnes-moi de te connaître et de comprendre qui tu es !

Ne me charges pas de fautes ;

ne fais pas de moi une nation pécheresse !

ne fais pas de moi une race de malfaiteurs !

Donnes-moi de ne pas t'abandonner !

Que je ne te méprise pas, rocher de mon salut !

Que je ne me retire pas en arrière !

Donnes-moi d'écouter ta parole !

Donnes-moi de prêter l'oreille à ton alliance, mon Dieu, mon roi !

Que des peuples nombreux montent à ta montagne et qu'ils soient instruits de tes voies, et qu'ils marchent dans tes sentiers ! Car de ta présence sort l'alliance.

Viens être juge entre les nations,

viens être arbitre de peuples nombreux,

qu'une nation ne lève plus l'épée contre une autre, et que l'on apprenne pas à faire la guerre !

Ne m'abandonnes pas et ne laisses pas les pratiques d'Orient et la magie des magiciens être débordantes en moi ;

et que je ne m'accorde pas avec les fils des dieux étrangers !

Donnes-moi de ne pas être opprimé et de ne pas opprimer mon prochain !

Donnes-moi de ne pas être attaquer et que je n'attaque pas le vieillard !

Prières pour gouverner au Canada - vol2

Donnes-moi de ne pas être attaquer et de ne pas attaquer celui qui est honoré !

Que je ne sois pas comme un gamin qui oppresse ton peuple, le peuple du Canada ;

et que je ne sois pas comme une femme qui domine sur lui !

Donnes-moi de ne pas être un dirigeant qui égare ton peuple, le peuple du Canada !

Donnes-moi de ne pas être un dirigeant qui efface la voie dans laquelle ton peuple, le peuple du Canada, marche !

Donnes-moi de ne pas brouter la vigne ;

que la dépouille du pauvre ne soit pas dans mes maisons !

Donnes-moi de ne pas fouler au pieds ton peuple, le peuple du Canada ;

et donnes-moi de ne pas écraser le pauvre !

Donnes-moi de la connaissance, afin que le peuple que tu m'as donné ne soit pas déporté ;

donnes-moi de la connaissance, afin que la noblesse que tu m'as donné ne meurt pas de faim ;

donnes-moi de la connaissance, afin que la populace que tu m'as donné ne soit pas desséchée par la soif !

Toi qui élevés une bannière pour les peuples lointains, et qui siffles un des extrémités de la terre : voici qu'il arrive avec promptitude et légèreté.

Chez toi, nul n'est fatigué,

nul ne trébuche,

tu ne sommeilles, ni ne dors ;

aucun n'a la ceinture de ses reins détachée,

ni la courroie de ses sandales rompue.

Prières pour gouverner au Canada - vol2

Tes flèches sont aiguisées et tous tes arcs bandés ;

Les sabots de tes chevaux font penser à la pierre et les roues de tes chars à un tourbillon.

Ton rugissement est comme celui d'une lionne ;

tu rugis comme des lionceaux, tu grognes,

tu saisis ta proie, tu l'emportes, et personne ne vient la délivrer.

Que mes lèvres ne soient pas impures et que je n'habite pas au milieu d'un peuple dont les lèvres sont impures !

Donnes-moi d'aller et dire à ce peuple : vous entendrez, et vous ne comprendrez point ;

vous verrez et vous ne saisirez point !

Donnes-moi de rendre insensible le cœur de ce peuple, d'endurcir ses oreilles, et de lui boucher les yeux, pour qu'il ne voit point de ses yeux, n'entende point de ses oreilles, ne comprenne point de son cœur, ne se convertisse point et ne soit point guéri !

Comme le térébinthe et le chêne conservent leur tronc quand ils sont abattus, qu'une sainte postérité renaisse de ce peuple !

Que mon cœur et le cœur de ton peuple, le peuple du Canada, ne soient pas agités, comme les arbres de la forêt sont agités par le vent !

Donnes-moi de ne pas mépriser tes eaux qui coulent doucement !

Que je ne sois pas brisé !

Que ta main me saisisse et empêches-moi de marcher dans la voie de ce peuple !

Donnes-moi de ne pas appeler conjuration tout ce que ce peuple appelle conjuration ;

Prières pour gouverner au Canada - vol2

que je ne craigne pas ce qu'il craint et que je n'en sois pas effrayé !

Si l'on me dit : consultez ceux qui évoquent les morts et ceux qui prédisent l'avenir, qui poussent des sifflements et des soupirs, donnes-moi de répondre : un peuple ne consultera t-il pas son Dieu ? S'adressera t-il aux morts en faveur des vivants ?

Donnes-moi de voir une grande lumière,

et qu'une lumière resplendit sur moi !

Fais de moi un peuple nombreux ; accordes-moi de grandes joies,

et que je me réjouisse devant toi, comme on se réjouit à la moisson,

comme on pousse des cris d'allégresse au partage du butin.

Que tout le peuple en ait la connaissance !

Donnes à ton peuple, le peuple du Canada, de revenir à toi qui le frappe, et de te chercher !

Donnes à ton serviteur de ne pas égarer ton peuple, le peuple du Canada !

N'embrases pas le pays, et que je ne sois pas une proie du feu, moi et ton peuple que tu t'es choisi !

Donnes-moi de ne pas refuser justice aux pauvres, ravir leur droit aux malheureux de ton peuple, le peuple du Canada, et faire des veuves ma proie, et des orphelins mon butin !

Ne lâches pas ton instrument contre moi ,

ne le diriges pas contre moi,

pour qu'il se livre au pillage et fasse du butin, pour qu'il me foule au pieds, comme la boue des rues !

Toi qui agis par la force de ta main, par la sagesse, car tu es intelligent,

c'est toi qui as bousculé les frontières des peuples, les as dépouillé de leurs

Prières pour gouverner au Canada - vol2

trésors et, comme un puissant, as fait descendre ceux qui siégeaient !

C'est ta main qui a su trouver, comme au nid, la richesse des peuples,

et, comme on ramasse des œufs abandonnés, tu as ramassé toute la terre : nul n'a remué l'aile, ni ouvert le bec, ni poussé un pépiement.

Donnes-moi de ne pas craindre mon ennemi !

Il me frappe du bâton, il lève sur moi sa massue, comme faisait les habitants de la maison de la servitude !

Que mon emplacement soit glorieux !

Étends une seconde fois ta main pour me racheter !

Qu'il y ait une route pour ton serviteur, comme il y en a eut une pour ton peuple, le jour où il monta de la maison de la servitude !

En ce jour je dirai :

Louez l'Éternel ; invoquez son nom, faites connaître ses hauts faits parmi les peuples, rappelez que son nom est sublime !

Que je sois habité pour toujours, que je sois peuplé de génération en génération, que l'Arabe y dresse sa tente et que les bergers en fassent leur gîte pour leurs troupeaux !

Que les peuples me prennent et me conduisent vers mon pays, et que je les reçoivent en héritage sur le sol de l'Éternel, comme serviteurs et comme servantes !

Que celui qui dans son courroux frappait les peuples sans relâche, celui qui dans sa colère subjuguait les nations soit poursuivi sans ménagement !

Tu as fondé ta montagne et les malheureux de ton peuple y trouvent un refuge !

Les offrandes te seront apportées, Éternel, Dieu de toutes les armées,

par le peuple au corps élancé et luisant, par le peuple redoutable depuis qu'il existe, nation puissante qui écrase tout, et dont le pays est sillonné par des fleuves, elles seront apportées là où tu résides, Éternel, Dieu de toutes les armées, sur ta montagne !

Que je ne sois pas abattu comme du grain dans ton aire et annonces-moi ce que tu as appris de l'Éternel, le Dieu de toutes les armées !

Ô Éternel, Dieu des armées !

Ne dévastes pas la terre et ne la dépeuples pas ,
n'en bouleverses pas la face, n'en disperses pas les habitants,
qu'il n'en soit pas du sacrificateur comme de ton peuple, le peuple du Canada,
qu'il n'en soit pas du maître comme du serviteur,
qu'il n'en soit pas de la maîtresse comme de la servante,
qu'il n'en soit pas du vendeur comme de l'acheteur,
du prêteur comme de l'emprunteur,
du créancier comme du débiteur !

Que ma terre ne soit pas complètement dévastée, totalement pillée !

Que ma terre ne soit pas profanée par les habitants qui désobéissent à ton commandement, altèrent des prescriptions et rompent ton alliance !

Que la malédiction ne dévore pas ma terre !

Que les habitants de ma terre ne soient pas consumés !

Que mon vin doux ne soit pas en deuil et que ma vigne ne périsse pas !

Que l'allégresse des tambourins ne cesse pas et que le bruit des amusements ne prennent pas fin !

Qu'on boive du vin en chantant et que les liqueurs ne soient pas amères au buveur !

Que toutes les maisons ne soient pas désertées et qu'on y entre encore !

Que le vin ne vienne pas à manquer, que toute joie ne s'assombrisse pas et que

Prières pour gouverner au Canada - vol2

l'allégresse ne soit pas bannie du pays !

Que la dévastation ne reste pas dans la ville, et que les portes abattues ne soient pas en ruines !

Que de l'ouest, des cris de joie soient poussés en ton honneur, Éternel, Dieu des armées !

Fais un festin pour tous les peuples, sur cette montagne,

un festin de mets succulents,

un festin de vins vieux,

de mets succulents pleins de moelle,

de vins vieux, clarifiés !

Et sur cette montagne, Éternel, Dieu des armées,

anéantis le voile qui voile tous les peuples,

la couverture qui couvre toutes les nations ;

anéantis la mort pour toujours ;

Éternel, Dieu des armées, essuies les larmes de tous les visages,

fais disparaître de toute la terre le déshonneur de ton peuple, le peuple du Canada !

Éternel, Dieu des armées, ta main est si haute qu'ils ne l'aperçoivent pas.

Ils verront ton zèle pour le peuple et ils seront honteux !

Tu as augmenté la nation, ô Éternel !

Tu as augmenté la nation, tu as été glorifié ;

tu as reculé toutes les limites du pays.

Va mon peuple, peuple canadien, entre dans ta chambre, et fermes tes portes derrière toi ; caches-toi pour quelques instants jusqu'à ce que la fureur soit passée.

L'Éternel, le Dieu des armées, sera une couronne éclatante et un diadème

Prières pour gouverner au Canada - vol2

magnifique pour le reste de son peuple, le peuple du Canada !

C'est par des hommes d'un autre langage que l'Éternel, le Dieu des armées, parlera !

L'Éternel, le Dieu des armées, va commencer à émerveiller ce peuple par des miracles et des merveilles, la sagesse des sages s'y perdra, et l'intelligence des intelligents ira se cacher !

Un peuple habitera encore sur la montagne de l'Éternel !

Mon peuple, le peuple canadien demeurera dans le séjour de paix, dans des habitations sûres, dans des retraites tranquilles !

Au bruit du tumulte les peuples fuient ; quand tu te lèves, des nations se dispersent !

Les peuples seront des fours à chaux, des chardons coupés qui brûlent dans le feu !

Tu ne verras plus le peuple audacieux, le peuple au langage obscur qu'on entend pas, à sa langue barbare qu'on entend pas !

Le peuple qui demeure dans la ville reçoit le pardon de sa faute !

Approchez nations, pour entendre !

Peuples, soyez attentifs !

Que la terre écoute, elle et ce qui la remplit, le monde et tout ce qu'il produit !

Car mon épée s'est enivrée dans les cieux ; voici qu'elle va descendre sur un peuple que j'ai voué à l'interdit pour le jugement !

Parlez au cœur de mon peuple et criez lui que son combat est terminé qu'elle est graciée de sa faute, qu'elle a reçu de la main de l'Éternel au double de tous ses péchés !

Îles, faites silence pour m'écouter !

Prières pour gouverner au Canada - vol2

Ainsi parle Dieu, l'Éternel ! Qui a créé les cieux et qui les déploie, qui étend la terre et ses productions, qui donne la respiration à ceux qui la peuplent et le souffle à ceux qui la parcourent !

Moi, l'Éternel, je t'ai appelé par la justice et je te prends par la main, je te protège et je t'établis pour faire alliance avec le peuple du Canada, pour être la lumière des nations, pour ouvrir les yeux des aveugles, pour faire sortir de prison le captif et de leur cachot les habitants des ténèbres !

Chantez à l'Éternel un cantique nouveau, sa louange depuis le bout du monde, vous qui voguez sur la mer, les îles et leurs habitants !

Et c'est un peuple du Canada pillé et dépouillé ! On les a tous pris au piège dans des fosses, dissimulé dans des cachots ;
ils ont été mis au pillage, et personne qui les délivre !
Dépouillés, et personne qui dise : restitue !

Du fait que tu as du prix aux yeux de Dieu, du fait que tu es honoré et qu'il t'aime, il donne des hommes à ta place et des peuples pour ta vie !

Les animaux des champs glorifieront Dieu, les chacals et les autruches, car il aura mis des eaux dans le désert, des fleuves dans la terre pour abreuver mon peuple, le peuple du Canada ! Le peuple qu'il s'est formé publiera sa louange.

Les gains de la maison de la servitude et les profits de l'Éthiopie et ceux des Sabéens, hommes de hautes taille, passeront chez toi et seront à toi, ces peuples marcheront à ta suite, ils passeront devant enchaînés, ils se prosterneront devant toi et t'adresseront leur prière : c'est chez toi seulement qu'est Dieu, il n'y en a point d'autre, les dieux sont néants !

Îles écoutez ! Peuples lointains, soyez attentifs !

L'Éternel m'a appelé dès le sein maternel, il a fait mention de mon nom dès ma

Prières pour gouverner au Canada - vol2

sortie des entrailles de ma mère !

Il a rendu ma bouche semblable a une épée tranchante, il m'a couvert de l'ombre de sa main ; il a fait de moi une flèche aiguë, il m'a dissimulé dans son carquois.

Et il m'a dit : tu es mon serviteur, en qui j'aurai ma parure.

Ainsi parle l'Éternel, le Rédempteur, le Saint,

à celui dont la vie est méprisée et qui fait horreur à la nation canadienne, à l'esclave des dominateurs : des rois les verront et ils se lèveront, des princes les verront et ils se prosterneront, à cause de l'Éternel qui est fidèle, du Saint, qui t'as choisi.

Ainsi parle l'Éternel :

au temps favorable je t'ai répondu et au jour du salut je t'ai secouru ;

je te protège et je t'établis pour faire alliance avec le peuple du Canada, pour relever le pays et pour distribuer les héritages désolés ; pour dire aux captifs : Sortez ! Et à ceux qui sont dans les ténèbres : Paraissez ! Ils pourront paître sur les chemins canadiens et ils trouveront des pâturages sur les coteaux canadiens !

Cieux acclamez !

Terre, soyez dans l'allégresse !

Montagnes, éclatez en acclamations ! Car l'Éternel console son peuple, le peuple du Canada,

il a compassion de ses malheureux.

Ainsi parle le Seigneur, l'Éternel :

Voici : je lèverai ma main vers les nations.

Je dresserai ma bannière vers les peuples, et ils ramèneront tes fils dans leur pays, Canada, ils porteront tes filles sur les épaules.

Prières pour gouverner au Canada - vol2

Des rois seront tes nourriciers et leurs princes tes nourrices ; ils se prosterneront devant ta face contre terre et ils lécheront la poussière de tes pieds et tu reconnaîtras qu'il est l'Éternel, de sorte que ceux qui espéreront en lui ne soient pas honteux.

Le Seigneur, l'Éternel m'a donné le langage des disciples, pour que je sache soutenir par la parole celui qui est fatigué ; il éveille, chaque matin, il éveille mon oreille, pour que j'écoute à la manière des disciples !

Le Seigneur, l'Éternel m'a ouvert l'oreille, et moi, je ne me suis pas rebellé, je ne me suis pas retiré en arrière !

Donnes-moi ton attention, mon peuple, peuple du Canada !

Ma nation, prêtes-moi l'oreille ! Car l'alliance sortira de moi, pour être la lumière des peuples.

Écoutez-moi vous qui connaissez la justice,

peuple canadien, qui a l'alliance du Tout-Puissant dans son cœur ! Ne craignez pas le déshonneur de la part des hommes et ne tremblez pas d'être bafoué par eux.

Dieu met ses paroles dans votre bouche et il vous ouvre l'ombre de ses mains, en étendant le ciel et en fondant la terre, en disant à sa montagne : tu es mon peuple !

Ainsi parle ton Seigneur, l'Éternel, ton Dieu, qui défend ta cause, peuple du Canada :
Voici je prends de ta main la coupe d'étourdissement, le fond de la coupe de ma fureur ; tu ne la boiras plus !

Je la mettrai dans la main de ceux qui t'affligeaient , qui disaient : courbes-toi, et nous passeront !

Peuple de Dieu, peuple canadien,

tu le connaîtras ; tu sauras que c'est lui qui parle : me voici !

Prières pour gouverner au Canada - vol2

Éclatez ensemble des cris de triomphe ruine du Canada ! Car l'Éternel console son peuple.

Des rois fermeront la bouche, car il verront ce qui ne leurs avait jamais été raconté, ils comprendront ce qu'ils n'avaient pas entendu !

Mon peuple, le peuple du Canada se répandra à droite et à gauche ;

sa descendance prendra possession des nations et peuplera les villes désolées !

Mon peuple, le peuple du Canada ne sera pas honteux !

Mon peuple, le peuple du Canada ne sera pas confus !

Mon peuple, le peuple du Canada ne sera pas déshonoré !

Mon peuple, le peuple du Canada oubliera la honte de sa jeunesse et ne se souviendra plus du déshonneur de son veuvage ! Car celui qui l'a fait est son époux : l'Éternel, le Dieu de toutes les armées est son nom.

Voici : il m'a établi comme témoin des peuples, comme conducteur, comme commandant des peuples.

Voici : j'appellerai une nation que je ne connais pas, et une nation qui ne me connaît pas accourra vers moi à cause de l'Éternel, mon Dieu !

Que l'étranger qui s'attache à l'Éternel, ne dise pas : l'Éternel me séparera sûrement de son peuple, du peuple du Canada !

Car voici que les ténèbres couvrent la terre et l'obscurité les peuples mais sur moi l'Éternel se lève !

Il n'y aura plus que des justes parmi mon peuple, le peuple canadien, ils posséderont à toujours le pays ; pour servir à sa gloire !

Leur descendance sera connue parmi les nations et leur progéniture parmi les peuples ; tous ceux qui les verront connaîtront qu'ils sont une descendance bénie de l'Éternel !

Prières pour gouverner au Canada - vol2

Ils ne bâtiront plus des maisons pour qu'un autre les habite,

il ne planteront pas pour la nourriture d'un autre ;

car les jours du peuple canadien seront comme les jours des arbres et les élus se réjouiront de l'œuvre de leurs mains.

Prières pour gouverner au Canada - vol2

Envoies-moi vers les enfants du Canada

Dieu des cieux, envoies-moi vers les enfants du Canada, vers ces peuples rebelles, qui se sont révoltés contre toi ; eux et leurs pères ont péché contre toi, jusqu'au jour où nous sommes !

Dieux des cieux, envoies-moi vers les enfants de mon peuple, le peuple canadien !

Donnes à mon peuple, le peuple canadien d'écouter ;

et ne fais pas venir des peuples méchants, pour qu'ils s'emparent de leurs maisons, ne mets pas l'orgueil des puissants !

Que les mains de mon peuple, le peuple canadien, ne tremblent pas !

Ramènes-nous et donnes-nous la terre du Canada,

afin que nous suivions tes ordonnances et que nous observions et pratiquions tes alliances ; et que nous soyons ton peuple et toi notre Dieu !

Que les habitants de ma terre, le Canada, mangent leur pain sans angoisse, et qu'ils boivent leur eau sans épouvante ; et que mon pays, le Canada, ne soit pas dépouillé de tout ce qu'il contient !

Pardonnes la violence de ceux qui l'habitent !

Que les villes peuplées ne soient pas détruites !

Que les filles de mon peuple, le peuple canadien, ne prophétisent pas selon leur cœur, et contre elles mêmes !

Qu'elles ne fabriquent pas des coussinets pour toutes les aisselles et qu'elles n'aient pas de voiles pour la tête des gens de toute taille !

Que ton nom ne soit pas déshonoré auprès de ton peuple, pour des poignées d'orges et des morceaux de pain, et ne permets pas que des âmes qui ne doivent pas

Prières pour gouverner au Canada - vol2

mourir soient tuées !

Délivres ton peuple !

Que le Canada ne soit pas parcouru par des bêtes féroces qui le dépeuplent et qu'il ne devienne pas un désert où personne ne passe à cause ces bêtes féroces !

Qu'il prospère et que sa racine ne soit pas arrachée !

Que son fruit ne soit pas enlevé !

Qu'il ne se dessèche pas et que ses feuilles ne dessèchent pas !

Qu'il ne soit pas extirpé de ses racines !

Fais-le sortir du milieu des peuples et rassembles-le des pays où il est dissimulé, à main forte et à bras étendu, et en répandant ta fureur !

Reçois-le favorable comme un sacrifice d'agréable odeur !

Que le peuple de mon pays, le pays des canadiens, ne se livre pas à l'oppression !

Que le peuple de mon pays, le pays des canadiens, ne commette pas de vols !

Que le peuple de mon pays, le pays des canadiens, n'exploite pas le malheureux et le pauvre !

Que le peuple de mon pays, le pays des canadiens, n'opprime pas l'immigrant contre toute justice !

Ô Seigneur, n'étends pas ta main sur moi, moi et le peuple que tu m'as donné, le peuple du Canada, pour nous livrer en proie aux nations, pour nous rechercher au milieu des nations, pour nous faire disparaître et pour nous détruire !

N'emmènes pas le roi de Babylone, avec des chevaux, des chars, des cavaliers, un rassemblement et un peuple nombreux, contre le peuple que tu m'as donné, le peuple canadien !

Que mes filles qui sont dans la campagne ne soient pas tuées par l'épée ; que

Prières pour gouverner au Canada - vol2

des retranchements ne soient pas faits contre moi, que des terrasses ne soient pas élevées contre moi et que le grand bouclier ne soit pas dressé contre moi !

Que des coups de béliers ne soient pas dirigés contre mes murailles, et que mes villes ne soient renversées avec des machines !

Qu'une foule de chevaux n'entre pas par mes portes comme on rentre dans une ville conquise et qu'elle ne me couvre pas de poussière ; que mes murailles ne tremblent pas au bruit des cavaliers, des roues des chars !

Que mes rues ne soient pas foulées avec les sabots de chevaux, que mon peuple, le peuple canadien que tu m'as donné, ne soit pas tué par l'épée, et que les autels de tes sacrifices, Dieu de toute la terre, ne s'écrasent pas par terre !

Qu'on ne prenne pas mes richesses, qu'on ne pille pas mes marchandises comme butin, qu'on abatte pas mes murailles, qu'on ne renverse pas mes maisons et que l'on ne jette pas au milieu de mes eaux mes pierres, mon bois et ma poussière !

Ne me fais pas descendre, moi et le peuple que tu m'as donné dans la fosse !

Ne me fais pas habiter, moi et le peuple que tu m'as donné dans les profondeurs de la mer, semblable aux runes éternelles !

Que je ne sois pas réduit à néant, moi et le peuple que tu m'as donné !

Rassembles-moi du milieu des peuples, manifestes en moi ta sainteté aux yeux des nations et que j'habite dans mon pays que tu m'as donné !

Ô Seigneur Éternel, fasses que je ressemble à un lionceau parmi les nations ; à un crocodile dans les mers qui jaillit dans ses fleuves, qui trouble l'eau avec ses pieds et agite leurs flots !

Fais de moi une sentinelle qui voit l'épée venir et qui sonne du cor !

Que mes paroles soient écoutez !

Que mes paroles soient misent en pratique !

Prières pour gouverner au Canada - vol2

Que ton peuple, le peuple que tu m'as donné reconnaisse que toi, l'Éternel, leur Dieu, tu es avec eux, et qu'ils sont ton peuple, eux, ma maison, la maison canadienne !

Parce qu'on a voulu de toutes parts nous désoler et nous engloutir, pour que nous devenions la possession des autres nations,

parce que nous avons été l'objet de propos et bavardages populaires,

dans le feu de ta jalousie, Seigneur, Éternel, parles contre les nations, qui se sont données ton pays en possession, avec toute la joie de leur cœur et le mépris de leur âme, afin d'en piller les pâturages !

Parce que mon territoire, mes montagnes et mes collines, mes ravins et vallées, sont chargés d'opprobre par les nations,

fais le serment par toi même à main levée et que ce soit les nations qui nous entourent qui soient chargées elles-mêmes de leur opprobre !

Que je produise ma ramure, et que je porte mon fruit !

Tournes-toi vers nous, et que nous soyons cultivés et ensemencés !

Que la maison canadienne tout entière ; les villes soient habitées, qu'on rebâtisse sur les ruines !

Multiplies sur nous hommes et bêtes, qu'ils multiplient et soient féconds ;

peuples-nous comme à l'origine et fais-nous plus de bien que dans le passé ; et que nous reconnaissions que tu es l'Éternel !

Ne me fais plus entendre les outrages des nations, et que je ne porte plus le déshonneur des peuples ; et que je ne fasse plus trébucher ma nation !

Fais-nous habiter le pays que tu as donné à nos pères ; que nous soyons ton peuple, et que tu sois notre Dieu !

Ouvres nos tombes, fais-nous remonter de nos tombes et fais-nous revenir sur

Prières pour gouverner au Canada - vol2

le territoire du Canada ! nous reconnaîtrons que tu es l'Éternel.

Ta demeure sera parmi nous ; tu seras notre Dieu, et nous serons ton peuple !

Que je sois établi dans mes fonctions !

Que je sois comme une nuée qui couvre le pays du Canada !

Ô Dieu des cieux, que le royaume que tu m'as remis ne soit jamais détruit, et que ce royaume ne passe pas sous la domination d'un autre peuple ;

que le royaume que tu m'as donné pulvérise tous ces royaumes, qu'il subsiste éternellement !

Fais-moi vivre tranquille dans ma maison et heureux dans mon palais !

Que tous les peuples, les nations, les hommes de toutes langues soient dans la crainte et le tremblement à cause de la grandeur que tu me donneras !

Toi qui arrives comme un fils d'homme sur les nuées du ciel, que la domination, l'honneur et la royauté te soient donnés ;

et que tous les peuples, les nations et les hommes de toutes langues te servent !

Ta domination est une domination éternelle qui ne passera pas, et ta royauté ne sera jamais détruite.

Donnes à mon peuple, le peuple du Canada, d'écouter tes serviteurs, les prophètes, qui parles en ton nom à nos rois, à nos princes, à nos pères et à tout le peuple du pays que tu m'as donné !

Seigneur, écoutes ! Seigneur, pardonnes ! Seigneur, sois attentif ! Agis et ne tardes pas, par amour pour toi, ô mon Dieu ! Car ton nom est invoqué sur ta ville et sur ton peuple, le peuple du Canada.

Fixes des semaines sur mon peuple, le peuple canadien, et ma ville pour faire cesser les crimes et mettre fin au péché, pour expier la faute et amener la justice éternelle, pour accomplir la vision et la prophétie !

Prières pour gouverner au Canada - vol2

Fais-moi comprendre ce qui doit arriver à mon peuple, le peuple canadien, dans les temps à venir ; car il y a encore une vision pour ces jours-là !

Que les hommes violents de mon peuple, le peuple canadien, qui se lèveront pour accomplir cette vision trébuchent !

Que les clairvoyants parmi le peuple du Canada donnent instruction à beaucoup !

Que se lève Michel, le grand chef, celui qui tient bon en faveur des fils de mon peuple, le peuple du Canada !

Que le nombre des fils de ton peuple, le peuple du Canada, devienne comme le sable de la mer, qui ne peut ni se mesurer ni se compter ;

qu'à l'endroit où l'on disait : Nous ne sommes pas ton peuple !

Que l'on dise : Fils du Dieu vivant !

Répands pour toi de la semence dans le pays du Canada, et ai compassion des canadiens et des canadiennes !

Dis au Canada : Tu es mon peuple !

Et qu'il dise : Tu es mon Dieu !

Que ton peuple, le peuple du Canada, ne périsse pas ; qu'il ne lui manque pas de la connaissance, qu'il n'oublie pas ton alliance !

Que ton peuple, le peuple du Canada, ne court pas à sa perte !

Quand on appelle ton peuple, le peuple du Canada, vers toi, celui qui est en haut, qu'il réponde !

Qu'il mange et qu'il se rassasie, qu'il loue ton nom, Éternel, mon Dieu, et que mon peuple, le peuple canadien, ne soit plus dans la honte !

Qu'il reconnaisse que tu es au milieu de lui, toi, l'Éternel, mon Dieu, et qu'il n'y en a point d'autre ; et que ton peuple, le peuple du Canada, ne soit plus dans la honte !

Prières pour gouverner au Canada - vol2

Même sur tes serviteurs et sur tes servantes, répands ton esprit !

Que le peuple ennemi soit déporté !

Sonne t-on du cor dans une ville sans que le peuple soit en émoi ? Arrive t-il un malheur dans une ville sans que l'Éternel en soit l'auteur ?

Éternel, ne mets pas un niveau au milieu de ton peuple, le peuple du Canada !

Toi qui m'as pris derrière le troupeau, qui m'as dit : Va, prophétise à mon peuple, le peuple du Canada !

Ramènes les captifs de ton peuple, le peuple du Canada ;

qu'ils rebâtissent les villes dévastées et qu'ils les habitent,

qu'ils plantent des vignes et en boivent le vin,

qu'ils établissent des jardins et en mangent les fruits !

Plantes-les sur leur terre, la terre du Canada, et qu'ils ne soient plus arrachés !

Parce que l'ennemi a pillé beaucoup de nations, tout le reste des peuples le pillera, à cause du sang humain, à cause de la violence faite au pays, à la ville et à tous ses habitants !

Éternel, tu sors pour le salut de ton peuple, le peuple du Canada, pour le salut de ton messie !

Éternel, tu brises le faîte de la maison du méchant, tu détruis de fond en comble !

Tu as entendus les injures de mon ennemi et les blasphèmes par lesquelles l'adversaire a déshonoré ton peuple, le peuple du Canada, et s'est élevé contre ses frontières !

C'est pourquoi, tu es vivant ! — Éternel des armées —,

Ainsi mon ennemi sera comme Sodome, et mon adversaire comme Gomorrhe,

un lieu couvert de mauvaises herbes,

Prières pour gouverner au Canada - vol2

une mine de sel,

une désolation pour toujours ;

le reste de ton peuple, le peuple du Canada, les pillera,

ce qui subsistera de ta nation en hérita.

Alors tu rendras pures les lèvres des peuples,

pour qu'ils t'invoquent sous le nom de l'Éternel en te rendant un culte unanime !

Tu laisseras au milieu du Canada un peuple humble et faible, qui se réfugiera dans le nom de l'Éternel !

Tu sauveras celle qui boite et tu rassembleras celle qui était chassée.

Tu feras d'eux un sujet de louange et de renom sur toute la terre où ils sont dans la honte ! car tu feras de nous un sujet de renom et de louange parmi tous les peuples de la terre.

Beaucoup de nations s'attacheront à l'Éternel, et deviendront le peuple de l'Éternel ;

voici que l'Éternel délivre son peuple, le peuple du Canada, du pays de l'orient et du pays du soleil couchant !

Ils les ramènera et ils habiteront au milieu du pays ; ils seront le peuple de l'Éternel, et il sera leur Dieu avec vérité et droiture !

Les semailles prospéreront, la vigne rendra son fruit, la terre donnera ses produits, et les cieux enverront leur rosée ; mon Dieu fera jouir de toutes ces choses le reste du peuple canadien !

Beaucoup de peuple et de nombreuses nations viendront chercher l'Éternel des Armées dans la ville et implorer l'Éternel des armées, au Canada !

L'Éternel, le Dieu des armées, les sauvera en ce jour, comme le troupeau de son peuple ; car ils sont les pierres d'un diadème, qui brilleront dans son pays, le pays du Canada !

Il se souviendront de l'Éternel, ils vivront avec leurs enfants, et ils reviendront !

L'Éternel frappera d'étourdissement tous les chevaux, et de délire ceux qui les montent mais les yeux seront ouverts sur la maison du Canada, quand l'Éternel frappera d'étourdissement les chevaux des peuples !

L'Éternel fera des chefs du Canada comme un foyer ardent parmi du bois, comme une torche enflammée parmi des gerbes ; ils dévoreront à droite et à gauche tous les peuples d'alentour, et la ville restera à sa place !

Il invoquera le nom de l'Éternel, et l'Éternel l'exaucera ;

l'Éternel dira : C'est mon peuple ! Et il dira : L'Éternel est mon Dieu !

Voici la plaie dont l'Éternel frappera tous les peuples qui auront combattu contre la ville : leur chair tombera en pourriture tandis qu'ils seront sur leurs pieds, leurs yeux tomberont en pourriture dans leurs orbites, et leur langue tombera en pourriture dans leur bouche !

Le peuple canadien, assis dans les ténèbres, voit une grande lumière ; et sur ceux qui étaient assis dans la région et l'ombre de la mort la lumière se lève !

Il parcourra toutes les régions, il enseignera dans les maisons, il prêchera la bonne nouvelle du royaume, et il guérira toute maladie et toute infirmité parmi le peuple du Canada !

Le cœur du peuple canadien ne sera plus insensible, ses oreilles ne s'endurciront plus, et ses yeux ne seront plus fermé !

Le peuple du Canada verra de ses yeux,

le peuple du Canada entendra de ses oreilles,

Prières pour gouverner au Canada - vol2

le peuple du Canada comprendra de son cœur,

le peuple du Canada se convertira,

le peuple du Canada guérira.

Le cœur du peuple du Canada sera proche de Dieu !

Il marchera devant Dieu avec l'esprit et la puissance d'Éli, pour ramener les cœurs des pères vers les enfants et les rebelles à la sagesse des justes, afin de préparer au Seigneur des peuples bien disposés, des nations biens disposées !

Et tout les peuples et toutes les nations se rendront vers lui dans la maison de prière pour l'écouter.

Oui, je veux morebooks!

I want morebooks!

Buy your books fast and straightforward online - at one of the world's fastest growing online book stores! Environmentally sound due to Print-on-Demand technologies.

Buy your books online at
www.get-morebooks.com

Achetez vos livres en ligne, vite et bien, sur l'une des librairies en ligne les plus performantes au monde!
En protégeant nos ressources et notre environnement grâce à l'impression à la demande.

La librairie en ligne pour acheter plus vite
www.morebooks.fr

OmniScriptum Marketing DEU GmbH
Heinrich-Böcking-Str. 6-8
D - 66121 Saarbrücken
Telefax: +49 681 93 81 567-9

info@omniscriptum.com
www.omniscriptum.com

www.ingramcontent.com/pod-product-compliance
Lightning Source LLC
Chambersburg PA
CBHW021812220426
43662CB00006B/283